Hijos invisibles

Hijos invisibles

MARTHA ALICIA CHÁVEZ

Grijalbo

Hijos invisibles

Primera edición: septiembre, 2011
Primera reimpresión: septiembre, 2011
Segunda reimpresión: diciembre, 2011
Tercera reimpresión: junio, 2012

D. R. © 2011, Martha Alicia Chávez

D. R. © 2012, derechos de edición mundiales en lengua castellana:
Random House Mondadori, S. A. de C. V.
Av. Homero núm. 544, colonia Chapultepec Morales,
Delegación Miguel Hidalgo, C.P. 11570, México, D.F.

www.megustaleer.com.mx

Comentarios sobre la edición y el contenido de este libro a:
megustaleer@rhmx.com.mx

ISBN 978-607-310-612-2

Impreso en México / *Printed in Mexico*

A Marthita…
la niña que un día fui

Índice

Preámbulo

Bebés, niños, adolescentes y adultos invisibles… pasan de largo por la vida sin ser vistos. Si están o no están lo mismo da. Para ellos no fluye espontáneamente la fuerza de amor y vida de los que llevan su sangre; por eso la tienen que extraer, obligar.

Ser invisible significa, en mayor o menor grado, estar fuera del mundo, no sentirse parte de él ni integrado con quienes lo habitan. La energía de los seres invisibles no se hace presente, como si no ocuparan un lugar en el espacio y el tiempo. Algunos son conscientes de esa sensación de desintegración; afirman sentirse así y lo expresan usando justamente esa palabra. Otros, en cambio, sólo experimentan una sensación de vacío, de no ser parte de nada, de que algo les falta. Lo que les falta es, precisamente, ser vistos.

La invisibilidad es uno de los más dolorosos estados que un ser humano puede experimentar. Ser invisible es como estar muerto, aunque se esté vivo; como no existir, aunque se exista; como ser nadie, aunque se sea alguien. Es justamente esta dicotomía la que acrecienta el dolor, la confusión de saber que es, que está, que el corazón palpita, pero no hay puntos de referencia externos que lo validen y le den certidumbre.

Si la invisibilidad es tan dolorosa, si ser invisible entorpece el desarrollo pleno de la persona, ¿qué hacen los seres invisibles para volverse visibles?

Acompáñame a adentrarnos en las páginas de este libro para comprenderlo y, mejor aún, para aprender cómo otorgar a nuestros hijos –de cualquier edad– uno de los más grandes regalos de amor: "ser vistos".

Introducción

Es de gran interés para mí exponer en este espacio ciertos conceptos que le darán sentido a las propuestas que posteriormente presentaré. Hacerlo nos permitirá comprender de manera más amplia, profunda y certera el contenido del libro y, por añadidura, hacer su lectura más enriquecedora.

Comencemos por hablar de la neurosis. Ésta es un conjunto de trastornos psicológicos, mentales y emocionales generados por una crianza deficiente, que afectan el funcionamiento a nivel social, familiar y laboral de quien la padece. La finalidad de dichos comportamientos neuróticos es hacerse la vida más llevadera, y se establecen como un patrón debido a que le han funcionado a la persona que los presenta. Se dice que todos somos neuróticos en alguna medida, mínima o extrema, y esto es verdad, ya que prácticamente nadie fue criado por padres perfectos ni en circunstancias ideales.

Karen Horney, reconocida psiquiatra, escritora y autora de importantes teorías sobre el desarrollo de la personalidad –que hasta la fecha se consideran unas de las mejores propuestas al respecto–, afirma que más que el abandono o el abuso, la indiferencia de los padres es la causa principal del desarrollo de cualquier tipo de neurosis.

La indiferencia paterna lleva al niño a sentirse desprotegido, ignorado, inseguro y abandonado. Para protegerse del sufrimiento que ésta le causa, el niño desarrolla inconscientemente ciertas estrategias adaptativas que en un principio lo protegen de sentir frustración y dolor, o por lo menos lo llevan a sentirlos en menor grado. Debido a que funcionan para tal fin, con el tiempo dichas estrategias se convertirán en una respuesta generalizada en todas sus relaciones y ámbitos donde se desenvuelva. Es decir, se convierten en un patrón de relación y en un estilo de vida.

Así pues, si un niño experimenta enorme frustración, enojo y hostilidad por la indiferencia de sus padres, desarrollará la estrategia –patrón– de *ir contra las personas*, lo que implica conductas agresivas, abusivas, controladoras y manipuladoras, que serán el sello que marque sus relaciones y su funcionamiento social en general, como si su dolido corazón se hubiera llegado a convencer de que con estos comportamientos estará protegido, seguro y nadie le podrá hacer daño.

Otros niños, ante la indiferencia de sus padres, lo que experimentan es una gran ansiedad, inseguridad y desamparo, lo que los llevará a desarrollar la estrategia de *ir hacia las personas*. Ésta conlleva comportamientos serviles y complacientes, con la finalidad de lograr ser visto, reconocido y amado. Al ser esta estrategia la que le otorga el anhelado *ser visto*, se establecerá como un patrón de relación y un estilo de vida.

En otros casos, el niño se protege del dolor por la indiferencia de sus padres a través de, digámoslo así, darse por vencido. Entonces se mete en sí mismo, desarrollando la estrategia adaptativa de *ir lejos de las personas,* lo cual también se podrá convertir en un patrón de relación y estilo de vida. En este caso, su dolido corazón está convencido de que si se mantiene alejado no podrá ser dañado.

Sea cual fuere la estrategia adaptativa que el niño adopte –lo cual por supuesto es un proceso inconsciente–, su objetivo es protegerse de sufrir. En los dos primeros casos –ir contra y hacia las personas– es así como se hace visible y obtiene reconocimiento, y en el tercer caso –ir lejos de las personas– al mantenerse apartado, como un ermitaño social, es como logra sentirse protegido y seguro.

Por otra parte, Karen Horney afirmó la siguiente idea, que ha sido reforzada y confirmada por innumerables estudiosos de la *psique* humana, tales como Fromm, Jampolsky y Chopra, entre otros: cuando un niño tiene la fortuna de tener aunque sea a una persona que lo ama, se interesa por él, lo valora o por lo menos lo aprecia, podrá superar los traumas y efectos nocivos que le dejaría el abuso, la agresión, el abandono o, en el caso que nos ocupa, la indiferencia de sus padres.

En capítulos posteriores veremos la innegable asociación que existe entre estas propuestas de Horney y los casos y temas que constituyen el contenido de este libro. Además, siempre es fascinante ver *más allá* y, de este modo, conocernos y comprendernos más de cerca y con mayor profundidad.

1

¿Qué significa ser invisible?

Los niños invisibles no son niños abusados o agredidos. Su problema no es ése, sino la indiferencia de sus padres y de los adultos emocionalmente significativos. El ser ignorado por ellos, por la razón que sea, es el sello que marca la vida de un niño invisible.

Los niños agredidos no son ignorados, sino tomados en cuenta. Para maltratarlos, golpearlos o abusar de ellos deben *ser vistos*. Ese maltrato les causará un gran dolor y daño, sin duda alguna, pero la situación del niño invisible es diferente y por tanto también son distintas las consecuencias. El niño maltratado es muy *visto*, el niño invisible no lo es en absoluto.

Por más indeseables que dichas conductas paternas sean y causen profundas heridas en la vida de los hijos, éstas no son del tipo de las que la invisibilidad produce. Y por más extraño que parezca, el corazón de un niño prefiere –si podemos usar esta palabra– ser visto por sus padres, aunque sea para que lo agredan, en lugar de ser ignorado por ellos. Así, la indiferencia de los padres es la gestación de un individuo invisible.

Tomo estas frases de la canción "Rómpeme, mátame", del grupo Trigo Limpio, que ejemplifican con gran claridad las ideas que estoy presentando: "Rómpeme mátame, pero no me ignores [...] Prefiero sentir la espuela que me hincas cada día, que ser la flor en un vaso que olvidaste en una esquina".

Estas expresiones, que se antojan casi aterrorizantes, son una cruda manifestación de la inmensa necesidad de los seres humanos, y sobre todo del niño, de ser *vistos*, y del lacerante dolor que les provoca cuando son ignorados.

Sería ridículo y una pérdida de tiempo que nos cuestionáramos si será peor ser un niño agredido o uno invisible. Lo que sí es verdad es que cada situación provocará diferentes efectos en la vida. Nuestro interés, para los fines de este libro, es comprender que el niño agredido es muy visto y el invisible no lo es en absoluto, sino al contrario, es ignorado. Los niños invisibles no son maltratados directamente, ni siquiera para eso son vistos; el maltrato, en todo caso, es a través del látigo de la indiferencia.

Un hijo que no fue visto por su madre y su padre se pasará la vida buscando que lo vean, y cuanto logre en este sentido nunca será suficiente. En sus relaciones amorosas necesitará constantemente el reconocimiento de su pareja; en sus relaciones de trabajo, el de su jefe, y en sus relaciones sociales, el de sus amigos y en general de los demás. Y aun cuando lo reciba en todas sus relaciones, nunca será bastante.

Los seres humanos tenemos ciertas necesidades básicas que es indispensable satisfacer para asegurar nuestro sano y pleno desarrollo físico, psicológico y social. Erich Fromm, destacado psicoanalista, psicólogo social y filósofo humanista, propuso que existen cinco necesidades humanas cuya insatisfacción impide la salud integral de la persona:

1) La necesidad de relación, que al satisfacerla suaviza el sentimiento de aislamiento y soledad.
2) La necesidad de tener raíces y lazos significativos, tanto con el núcleo familiar presente como con el pasado.
3) La necesidad de poseer sentido de identidad, lo que implica tener un lugar en la familia, en primer lugar, y en el mundo, por consiguiente. Esto nos permite percibirnos a nosotros mismos y ser percibidos por otros.

4) La necesidad de estructura, cuya satisfacción nos permite comprender la vida propia, darle sentido y movernos productivamente en el mundo.

5) La necesidad de trascendencia, que significa un llamado interior que nos impulsa a utilizar nuestros talentos, crear, hacer elecciones y forjar nuestro propio destino.

La familia debiera ser el lugar donde las primeras cuatro necesidades fueran satisfechas, lo cual garantizaría que cuando el niño se convierte en adulto fuera capaz de satisfacer por sí mismo la quinta necesidad. La realidad es que para un hijo invisible no hay tal satisfacción; por eso se pasa la vida intentando llenar los huecos y los asuntos de infancia que no se resolvieron.

Para resolver estas problemáticas que contaminan todas las áreas de la vida de los seres invisibles existe un camino certero: llevar a cabo un proceso de curación interior que permita *tomar* el reconocimiento de otros, internalizar el ser visto y con ello saciar la sed de serlo.

2

¿Cómo se vuelven invisibles los niños?

La indiferencia de los padres. Esta frase engloba de manera perfecta todas y cada una de las situaciones que vuelven invisible a un niño. En forma general, dicha indiferencia se manifiesta precisamente en la falta de atención e interés en la vida, los asuntos, los sentimientos y las necesidades del niño, cuyos padres ignoran, no *ven*, porque están muy ocupados *viendo* a los otros hijos, o a sí mismos y sus propios problemas. El niño, entonces, es un ser ignorado, invisible: no es *visto*.

Los niños cuyos padres están demasiado ocupados en sus quehaceres o en sus problemas, y en consecuencia no los atienden, desarrollarán esa sensación de aislamiento y soledad que son típicos de los seres invisibles. Recordemos que en la infancia lo que nos da el punto de referencia de que existimos, somos valiosos y merecedores, es justamente la atención que nos brindan los adultos significativos, pero muy en especial nuestros padres.

Así, son determinadas situaciones de la vida y ciertas actitudes de los padres y adultos significativos los que vuelven invisible a un bebé, un niño o un adolescente:

- Cuando los padres son indiferentes; es decir, están demasiado ocupados en sus propios asuntos, no pasan tiempo

21

con sus hijos y/o no prestan atención a sus necesidades. Los padres ausentes en la vida de sus hijos, por la razón que sea –demasiado trabajo, conflictos emocionales, enfermedad física, incapacidad de amar y comprometerse, etc.–, les envían el mensaje de que todo lo demás es mucho más importante que ellos.

- Cuando los padres y familiares adultos no les cumplen las promesas que les hacen.
- Cuando no se toma en cuenta al niño o adolescente para ningún asunto relacionado con la familia.
- Cuando existe en casa un hijo enfermo o que presentan problemas de cualquier tipo, quien acapara toda la atención de los padres provocando que se olviden de los otros hijos.
- Cuando no se le informa sobre acontecimientos que conciernen a la familia o directamente al niño. Por ejemplo, que el tío vendrá a vivir con ellos durante algún tiempo, que el padre cambiará de empleo o las razones por las que se le va a cambiar de escuela.
- Cuando se ignoran los sentimientos, no se le brinda apoyo o se minimizan lo que el niño considera sus problemas.
- Cuando, como estilo de vida –patrón–, literalmente no se le mira de forma directa a la cara mientras se le habla o nos habla.
- Cuando no se toman en cuenta sus ideas, comentarios, sueños, logros, errores, etcétera.
- Cuando se es injusto con los hijos y no se les da o se les prohibe lo mismo a todos. Es decir, se tiene preferencia por un hijo.
- Cuando ambos padres, o uno de ellos, abandonan el hogar, lo cual hace sentir al hijo que no es suficientemente valioso como para que el padre o madre quiera estar con él y por eso se va.
- Cuando un hijo muere y la madre, el padre o ambos, sumidos en su duelo, se olvidan de que tienen otros hijos

vivos, que los necesitan. Es natural y necesario respetarse uno mismo su tiempo de duelo, pero cuando éste es mal manejado, puede extenderse por muchos años o el resto de la vida de los padres, dejando a los otros hijos *huérfanos* y desamparados.

Veamos ahora ejemplos específicos de cómo algunas de estas actitudes paternas mencionadas se manifiestan en la vida diaria.

PADRES INJUSTOS

Cuando los padres se comportan de manera injusta, promueven la rivalidad y antipatía entre los hermanos, el resentimiento de sus hijos hacia ellos y la sensación –en los menos favorecidos– de no ser tomados en cuenta y, con ello, de ser inferiores; con esta actitud, los padres lastiman mucho a los niños.

Así, existe una gran cantidad de personas que en su infancia vivieron injusticias y favoritismos hacia un hermano por parte de los padres. Muchos de ellos han arrastrado esa rivalidad que se gestó desde que eran niños hasta la edad adulta y también el dolor de saberse el no favorito. En estos casos, es muy común que en eventos familiares como Navidad o cualquier otro donde se reúne la familia, al calor de los tragos, cuando las defensas se bajan y surgen las verdades reprimidas, exploten los reclamos entre los hermanos, a veces de temas tan viejos que se remontan a su infancia. Estos sinsabores son producto de las injusticias cometidas por los padres.

¿Pero qué lleva a algunos padres a ser injustos? En algunos casos, la simple incapacidad de *ponerse en los zapatos* de los hijos no favorecidos y entender que las diferencias que hacen entre hermanos los lastiman. En otras ocasiones se trata de que en los hijos no favorecidos proyectan asuntos no resueltos de su propia vida, lo cual los conduce a sentir rechazo hacia ellos.

LA VIDA DE DIEGO, de 15 años, está plagada de injusticias por parte de sus padres. Es el tercero de cuatro hijos, de los cuales tres son buenos deportistas; Diego de triatlón y sus hermanos de artes marciales. Los tres jóvenes obtienen casi siempre los primeros lugares en las competencias en las que participan. Los padres asisten sin excepción a todas las de los hermanos de Diego, donde quiera que se lleven a cabo, pero cuando se trata de este hijo, asisten sólo de vez en cuando porque les surgen ocupaciones, eventos sociales o cualquier otro imprevisto.

Asimismo, en la sala de la casa hay un gabinete saturado de videos –algunos realizados por profesionales– de las competencias, entrenamientos y trofeos de hermanos de Diego, pero de él sólo existe un par. Y aun cuando él es el más sobresaliente y quien mejores lugares ha obtenido, sus trofeos se exhiben en el estudio, pero los de sus hermanos en la sala, a la vista de todo el que llegue de visita.

Diego ha comenzado a mostrar signos de una conducta obsesiva y en extremo autoexigente con respecto a sus entrenamientos. Cuando no obtiene el rendimiento que se ha propuesto para sus prácticas o el primer lugar en una competencia se deprime profundamente, más allá de la desilusión o tristeza normales que una situación así pudiera generar.

Un factor que de manera indiscutible se encuentra detrás de estas conductas de autoexigencia extrema que presenta Diego es la esperanza, el enorme deseo, la inmensa necesidad de que sus padres lo vean: "Si me convierto en el mejor tal vez logre que mis padres me tomen en cuenta, me manden hacer videos profesionales como a mis hermanos, asistan a mis competencias y exhiban mis trofeos". No es que así lo razone, es más bien una cuestión inconsciente.

Cuando los padres, que como en el caso de Diego, presentan una conducta de injusticia y exclusión hacia un hijo, necesariamente están proyectando en él algunos asuntos no resueltos de su propia vida o sentimientos que, aunque son muy difíciles de reconocer, como padres es muy natural sentirlos. Éstos pueden ser el rechazo o envidia hacia el hijo, o cualquier otra faceta de su vida, que de forma inconsciente ven proyectada en él.

DANIELA ES UNA NIÑA de nueve años. Su madre no deja pasar cualquier ocasión especial para comprarle a su hija Janet, de seis, un atuendo nuevo para estrenar. Sin embargo, a Daniela no, porque "como ella es gordita casi nada le luce. Cuando adelgace le compraré ropa para ocasiones especiales", dice la madre con frialdad.

La proyección inconsciente que la mamá de Daniela presenta es un fuerte y muy negado rechazo hacia esta hija porque, al verla "gordita", le recuerda a sí misma cuando era también una niña con sobrepeso. Igual que ahora ella hace con su hija, también su madre la rechazaba, la criticaba y hacía grandes diferencias entre ella y sus hermanas. Esta mujer, cada vez que ve a su hija Daniela en realidad ve a la niña obesa y rechazada que ella fue.

Así, una criatura que por cualquier razón es rechazada, aprende a rechazarse también y esto inevitablemente lo proyectará en sus propias hijas o hijos.

CONOZCO UNA FAMILIA compuesta por dos hermanas ya adultas. La madre fue muy injusta durante toda la vida, favoreciendo siempre a una de ellas y este patrón lo mantuvo hasta su muerte. Cuando el testamento fue leído, las hijas vieron con enorme sorpresa que a la favorita le había heredado su casa con muebles y todo, las hermosas y valiosísimas joyas de la abuela y el dinero de la cuenta de banco. A la hija no favorecida sólo le dejó los cubiertos de plata. Sobra decir que este hecho generó entre las hermanas un abismo aún más grande del que ya se había creado desde su infancia.

Así pues, ser padres injustos es un camino infalible que alimenta en los hijos no favorecidos la sensación de ser invisibles.

PADRES INDIFERENTES

Paola es una destacada alumna en su escuela. Constantemente aparece en cuadros de honor y obtiene las más altas calificaciones de su grupo. Cada vez que en la escuela se lleva a cabo cualquier tipo de festival –día de las madres, clausura del curso, fiesta navideña, etc.–, la talentosa niña de nueve años participa en las obras teatrales, llevándose las palmas de todos los asistentes.

Sus padres nunca asisten: ¡están tan ocupados! Y además, "¡esas obritas escolares son tan aburridas!", dice la mamá con desgano cuando le pregunto la causa de su ausencia.

Paola me comenta que en cuanto sale a escena lo primero que hace es buscar entre la audiencia con la esperanza de que, esta vez, sus padres sí hayan asistido. Cuando se da cuenta de que no es así le da mucha tristeza. Sin embargo, "luego luego me concentro para actuar bien", me dice mientras hace un enorme esfuerzo por no soltar el llanto. Cuando le dije que podía llorar, las lágrimas no se hicieron esperar. Lloró durante un buen rato sin decir palabra... haciendo obvia la razón por la que lo hacía.

Aun cuando un niño reciba el reconocimiento de otros, como en el caso de Paola, necesita el de sus padres. Para un niño, lo más importante es gustarle a sus padres y sabrá que es así sólo si se lo hacen saber. Por eso nunca hay que dar por hecho que el hijo está enterado de que se le ama, agrada o se está orgulloso de él. Si los padres no le hablan de ello, él no lo podrá internalizar.

Una criatura que no recibe palabras de aliento por parte de sus padres, ni el reconocimiento a sus esfuerzos y logros, termina convenciéndose de que éstos no valen. "Lo que hago surge de mí; si lo que hago no es valioso, tampoco yo lo soy."

"La peor desgracia que le puede suceder a un ser humano es pensar mal de sí mismo", afirma Goehte.

EN LA ACTUALIDAD, en muchos hogares se presenta una situación en la que, a mi parecer, deberíamos reflexionar con seriedad debido a la enorme importancia que tiene para la vida presente y futura de nuestros hijos, ya que contribuye de manera determinante en su bienestar y desarrollo. He aquí mis observaciones al respecto:

PADRES AUSENTES

Por razones diversas, las madres y los padres de hoy pasan mucho más tiempo fuera de casa en comparación con los padres de generaciones anteriores. Las exigencias académicas y laborales, la estresante competitividad entre los trabajadores y profesionistas de cualquier rama, la intensa presión por temas financieros que el mundo entero vive, lo complicado que es trasladarse en las grandes ciudades del trabajo a casa y otra serie de variables individuales son factores que en conjunto determinan, para la gran mayoría, un ritmo de vida sumamente acelerado.

Debemos agregar a todo esto el hecho innegable de que en la actualidad muchas madres –a veces por gusto y a veces por necesidad– trabajan fuera de casa, pasando también largas horas lejos del hogar. Esta fórmula, con todos y cada uno de sus factores, da como resultado muchos niños solos.

Sé muy bien que esa vorágine nos atrapa, y aun cuando algunos se den cuenta, son sólo unos pocos los que pueden hacer un alto, revisar su estilo de vida, priorizar lo que es más importante y hacer ajustes en la dirección que llevan. Sin embargo, para la mayoría un cambio en su estilo de vida es casi una utopía, a veces porque no se dan cuenta y a veces porque no pueden o no quieren.

De acuerdo, pero siempre hay cosas que podemos hacer y elecciones que podemos tomar. El simple hecho de que los padres llamen a sus hijos por lo menos una vez al día, durante sus horas de trabajo o sus recesos –en la medida que la situación de cada uno lo permita–, podría cambiar drásticamente *el destino* de los niños solos, los hijos de padres ausentes.

Me llama la atención que con mucha frecuencia, cuando recomiendo esto, encuentro reacciones de absoluta cerrazón ante la idea. La excusa más común es: "No tengo tiempo". Créeme, si tienes tiempo para ir al baño, para comer, salirte a fumar un cigarro, servirte un café o platicar unos momentos con tu compañero, entonces tienes tiempo para hacer una llamada para decir a cada uno de tus niños/as que los amas y piensas en él/ella.

La forma en que la mayoría racionaliza el hecho de pasar tanto tiempo lejos de sus hijos es afirmando que "es mejor darles calidad de tiempo que cantidad". La realidad es que ambos, calidad y cantidad, son igualmente importantes y uno no exime al otro de existir. ¡No son excluyentes! Un niño necesita suficiente cantidad de tiempo con sus padres y también calidad para crecer seguro y sano. Y por el simple hecho de existir, lo merece.

Dentro de tu ocupada vida, siempre puedes elegir. Por ello, es conveniente que tus elecciones sean pensando en el bienestar de tus bebés y niños.

Para serte honesta, me entristece y preocupa la inmensa cantidad de madres que hoy en día han decidido que es más importante salir a trabajar que cuidar a sus bebés o niños pequeños. En mi libro *Hijos tiranos o débiles dependientes* hablé ampliamente de esto en el apartado que titulé: "Las mamás modernas". Me ha impresionado cómo muchas madres jóvenes y *modernas* me han manifestado su molestia por mis comentarios en dicho libro, donde escribí:

Me duele cuando escucho a las madres jóvenes que han decidido dejar a su bebé para irse a trabajar. Algunas madres *tienen* que hacerlo, porque el irresponsable padre de sus hijos les ha dejado toda la carga de su manutención; y si ellas no trabajan, sus hijos no comen. Ante esas madres, que no tienen otra alternativa más que dejar a sus niños para irse a trabajar, me quito el sombrero. Aquí me estoy refiriendo a las mamás *modernas* que no entienden las prioridades de la vida; que no conocen el significado de la palabra *postergar*; que suponen que su empleo o su carrera es más importante que cuidar a sus bebés. Y yo me pregunto: ¿para qué tienen bebés si no quieren cuidarlos?

Por fortuna no todas las madres jóvenes toman esta clase de decisiones, pero sí muchas de ellas. [...]

Mis queridas y hermosas madres jóvenes: ¡quédense al lado de sus bebés en lugar de irse a trabajar! ¡Concédanles la insustituible dicha de pasar los primeros años de su vida con ustedes, que son irremplazables! Escríbanle una carta a su *parte profesionista*, explicándole que tendrá que esperar a que sea su momento de desarrollarse, porque lo más importante en el presente, es su bebé. Comprendan el significado de la mágica palabra *postergar*, que cuando se aplica a las realidades de la existencia, genera la paz y aceptación que da el entender que ¡hay un tiempo para cada propósito en la vida![1]

Todo mi respeto a la opinión de esas madres jóvenes que están en todo su derecho de expresarme su inconformidad y enojo por mis comentarios, pero no dejaré de hablar de esto y de hacerles la invitación a que tomen consciencia de que si tienen bebés o niños pequeños, estar con ellos y cuidarlos, por lo menos los dos o tres primeros años, debiera ser su prioridad, por encima de su empleo o carrera profesional –tan grandiosos como éstos puedan ser–, pues por más que lo sean, nunca serán más importantes que estar con sus hijos en esa etapa de su vida en la que la presencia amorosa de la madre es insustituible y su

[1] Martha Alicia Chávez, *Hijos tiranos o débiles dependientes*, México, Grijalbo, pp. 35-36, 2008.

ausencia se convierte en la causa de conflictos emocionales y psicológicos inmediatos y posteriores.

Dejar a sus bebés y niños pequeños por puro gusto lleva este mensaje implícito: "Mi empleo –negocio, etc.– me importa más que tú". Es así como lo recibe el corazón y el inconsciente del niño. Y, tan crudo como pueda sonar, al parecer es verdad.

Por otra parte, hay miles de madres que quisieran con todo su corazón quedarse al lado de sus bebés o hijos pequeños, pero no pueden hacerlo. Si eres una de ellas, que debes trabajar para mantener a tus hijos, te recomiendo que, ya sea directamente o a través de una cartita, les expreses que te vas a trabajar porque necesitas hacerlo no porque no deseas estar con ellos. Que ellos son lo más importante para ti, que los valoras y amas más que a nada en el mundo. No importa la edad que tus niños tengan, aun si son bebés, recibirán este mensaje que les beneficiará más allá de lo imaginable. En efecto, incluso si es un bebé, porque esta comunicación entre madres e hijos no se da ni se recibe en el nivel del cerebro, sino en el de las almas, donde no hay barreras.

Cada vez que escucho a gobernantes o representantes de cualquier institución pública o privada alabar el hecho de que cada vez más mujeres se integran a la fuerza laboral del país, me parece que falta *la otra parte* de la cual no hablan, y ésta es: ¿a qué se debe que deban de trabajar? Si entrevistáramos a cada una de esas mujeres, veríamos que muchas lo hacen por su propia autorrealización, pero muchas otras porque no tienen alternativa –al parecer en muchos otros países también se da este fenómeno–.

Del universo de mujeres que trabajan en México, poco más de 36% son cabeza de familia; dicho en otras palabras –aunque suene menos agradable–, son mujeres que no tienen apoyo del padre de sus hijos, que las dejó solas con la carga de su manutención. Los hijos de esas madres son bebés, niños y adolescentes solos, acompañados únicamente por la breve e intermitente presencia de su agobiada madre que tiene que salir a trabajar para poder cubrir sus necesidades.

En lo personal, el hecho de que tantas mujeres se hayan integrado a la fuerza laboral no me parece una situación digna de ser alabada, sino una vergonzosa realidad que no tiene por qué hacernos sentir orgullosos. La pregunta que a mí me surge en automático ante esta realidad es: ¿dónde están los padres de esos hijos?, ¿por qué no apoyan en su manutención?

Si eres uno de esos hombres que ha abandonado el sagrado compromiso que adquiriste con la vida cuando tuviste hijos, por el bien de ellos y, créeme, por el tuyo propio, ¡retómalo! Comprende que tienes el deber de mantenerlos y apoyarlos.

Por otra parte, si eres una madre o un padre de hijos varones, edúcalos de manera que sean capaces de afrontar sus compromisos y responsabilidades desde pequeños, porque ellos son los padres responsables o los padres que abandonarán en el futuro.

A las madres y los padres que por cualquier razón pasan mucho tiempo lejos de sus niños les recomiendo que durante su jornada de trabajo, cada que sea posible, se visualicen a sí mismos abrazando y besando a sus hijos. Confíen en que ellos reciben este amoroso y sanador abrazo que fortalece los lazos emocionales entre ustedes, además de los innumerables beneficios que esto trae para todos.

HACE UNOS DÍAS ESTABA ORGANIZANDO unas carpetas de mi archivero y encontré una que hace tiempo no abría. En ello guardo artículos, frases célebres y toda clase de pensamientos que me encantan, y que a lo largo de mi vida he ido reuniendo. Encontré un escrito de Hellen M. Young que no recordaba que tenía; me pareció un regalo del cielo porque su contenido tiene mucho que ver con el asunto que en este apartado estoy tratando. No recuerdo cómo llegó a mis manos, pero al releerlo movió profundas fibras en mí, por lo que a continuación te lo comparto:

Los hijos no esperan

Hay un tiempo para anticipar la llegada del bebé, un tiempo para consultar al médico;

un tiempo para hacer dieta y ejercicios, y un tiempo para preparar su cuna.

Hay un tiempo de maravillarse de los caminos de Dios, sabiendo que éste es el destino para el cual fui creada.

Un tiempo para soñar lo que será este niño cuando crezca,

un tiempo para pedirle a Dios que me enseñe a criar al hijo que llevo en mis entrañas,

un tiempo para preparar mi alma para alimentar la suya, pues muy pronto llega el día en que nacerá,

porque los bebés no esperan.

Hay un tiempo para alimentarlo durante la noche, para cólicos y biberones.

Hay un tiempo para mecerlo y un tiempo para que gatee.

Un tiempo para ejercer la paciencia y la abnegación.

Un tiempo para mostrarle que su nuevo mundo es un mundo de amor, de bondad y de fiabilidad.

Hay un tiempo para maravillarme de lo que él es, ni mascota ni juguete, sino una persona, un individuo, un ser creado a imagen de Dios.

Hay un tiempo para reflexionar acerca de mi mayordomía.

Para saber que no puedo poseerlo, que no es mío.

He sido elegida para cuidar de él, para amarlo, disfrutarlo, nutrirlo y responder ante Dios por él.

He resuelto hacer por él lo mejor que pueda,

porque los bebés no esperan.

Hay un tiempo para tenerlo entre mis brazos y contarle la historia más hermosa que jamás haya escuchado.

Un tiempo para mostrarle a Dios en la tierra, en el cielo y en la flor, y enseñarle a maravillarse y a sentir asombro.

Hay un tiempo para dejar a un lado los platos sucios, llevarlo al parque y mecerlo en el columpio,

para correr con él, hacerle un dibujo, atrapar una mariposa y darle compañerismo lleno de alegría.

Hay un tiempo para señalarle el camino y enseñarle a orar con sus labios de niño,

porque los hijos no esperan.

Hay un tiempo para cantar en vez de renegar, sonreír en vez de fruncir el ceño,

de secar lágrimas y reirse de los platos rotos.

Un tiempo para compartir con él mis mejores actitudes, mi amor por la vida, mi amor por Dios, mi amor por mi familia.

Hay un tiempo para contestar a sus preguntas, a todas ellas, porque quizá vendrá el tiempo en que no querrá más escuchar mis respuestas.

Hay un tiempo para enseñarle muy pacientemente a obedecer, a poner en su lugar los juguetes.

Hay un tiempo para mostrarle lo hermoso del deber cumplido, de adquirir el hábito de leer, de conocer la paz que viene por la oración.

Porque los hijos no esperan.

Hay un tiempo para verlo partir valientemente a la escuela, y extrañar sus pisadas alrededor mío.

De saber que hay otros que atraen su atención, pero saber que estaré allí para responder a su llamado cuando vuelva a casa.

De escuchar con avidez sus historias de lo acontecido en el día.

Hay un tiempo para enseñarle a ser independiente, a tener responsabilidad y autodisciplina.

De ser firme pero afectuosa, de saber disciplinarlo con amor.

Porque pronto, muy pronto, llegará el momento de dejarlo partir y de soltar los lazos que lo sujetan a mi falda.

Porque los hijos no esperan.

Hay un tiempo para atesorar cada instante fugaz de su niñez,

sólo dieciocho preciosos años para inspirarlo y prepararlo.

No cambiaré la primogenitura por ese *plato de lentejas* llamado posición social o reputación profesional o por un cheque de sueldo.

Una hora de dedicación hoy podría salvar años de dolor mañana.

La casa puede esperar, los platos pueden esperar, la nueva habitación puede esperar,

pero los hijos no esperan.

Llegará el momento en que ya no habrá más puertas que golpean, ni juguetes en la escalera, ni peleas de niños, ni huellas en las paredes.

Entonces podré mirar atrás, con gozo y no con pesar.

Será el tiempo de concentrarme en una actividad fuera de mi hogar.

Habrá un tiempo para mirar atrás y saber que estos años de maternidad no se desperdiciaron.

Oro porque llegue el momento en que pueda ver a mi hijo convertido en un hombre íntegro y recto.

Dios, dame la sabiduría para entender que hoy es el tiempo de mis hijos.

Que no existen los momentos de poca importancia en sus vidas.

Que sepa comprender que no hay carrera más preciada, ni trabajo más remunerador, ni tarea más urgente.

Que no postergue ni descuide esta labor,

que pueda aceptarla con gozo, y que me dé cuenta que el tiempo es breve, y que mi tiempo es hoy,

¡porque los hijos no esperan!

Hellen M. Young

3

La invisibilidad en diferentes etapas de la vida

A continuación, y con el fin de dejar muy claras las principales situaciones que nos vuelven invisibles, voy a mostrarlas en diferentes contextos según la etapa en las que ocurren: cuando somos bebés, niños o adolescentes.

BEBÉS INVISIBLES (CERO A 18 MESES)

La necesidad primera y más importante en la vida de un bebé es la de sentirse conectado con su madre. Ella lo es todo para la pequeña criatura: su mundo, su vida y hasta sí mismo. Sin mamá no existe, y se vuelve consciente de su existencia sólo mediante la existencia de ella. Esa *simbiosis* con la madre es natural y sana, y en la medida que crece se irá diferenciando como un individuo aparte.

Para lograr esa conexión con la madre, que le proporciona seguridad, estabilidad y lo hace sentir amado, el bebé necesita ser tocado, abrazado y visto. Necesita que lo miren a los ojos. Si ponemos atención notaremos cómo los bebés se nos quedan viendo fijamente a los ojos, porque es la manera en que se reconocen a sí mismos y se conectan profundamente con la persona a la que miran, sintiéndose protegidos.

Un niño invisible es aquel que no ha sido *visto* desde su más tierna infancia y, a menos de que en etapas posteriores –en su edad adulta– trabaje en su interior para sanar a ese niño invisible o la vida le proporcione situaciones que le propicien esa curación, mantendrá en su vida ese rol de invisibilidad a donde quiera que vaya.

¿Cuáles son las principales conductas y actitudes de los padres que propician la creación de un *bebé invisible*? Imagínate por un momento que eres un bebé: hace apenas unas semanas o meses vivías protegido en un útero tibio y envolvente, que te proporcionaba todo lo que necesitabas sin esfuerzo. Todas tus necesidades estaban satisfechas y ahí te sentías seguro y protegido. Luego saliste a un mundo donde nada te envolvía ni contenía; nada es fácil. La satisfacción de tus necesidades no es sencilla; tienes una incómoda sensación abdominal cada vez que sientes hambre y debes llorar para comunicar que necesitas comer o cualquier otra cosa. En ocasiones tu llanto dura lo que te parece una eternidad antes de que alguien atienda tu necesidad. Cuando esto sucede te sientes abandonado, ignorado, aislado. Si le ponemos palabras a estas sensaciones, serían: "¿Acaso soy invisible? Al parecer, lo soy. Por más que grito y llamo, nadie acude. Seguro soy invisible... o tal vez, ni siquiera existo".

En tu etapa como bebé eres totalmente vulnerable y dependiente. No puedes hacer nada por ti mismo. Sólo los brazos de mamá y de los adultos que te aman te envuelven; sólo su benevolencia te arropa, te alimenta, atiende tus necesidades y alivia la sensación de aislamiento y abandono que puede provocarte el estar en un mundo enorme. Eres una pequeña criatura, total y absolutamente frágil e indefensa.

Aunque pareciera que le estoy dando a estos comentarios un toque de dramatismo, lo hago sólo para que podamos llegar a ponernos en la piel de un bebé. No es que ser tan vulnerable y dependiente en esa etapa de la vida esté mal ni sea terrible, sino que la vida lo designó así y, por lo tanto, así está bien. Lo que es dramático no es el hecho mismo de que cuando somos bebés dependamos tanto de la atención de los adultos, sino el que no la tengamos o la recibamos en un nivel tan mínimo que no satisfaga ni siquiera en pequeña medida nuestras necesidades no sólo físicas, sino también emocionales. La frustración que siente un bebé que es ignorado constantemente es, sin lugar a dudas, inmensa.

La maravillosa sensación que en cambio le proporciona el sentirse en los brazos tibios y amorosos de la madre o de los adultos que lo aman y se interesan por él es lo más parecido al paraíso en la tierra. En esos brazos que acogen y contienen no hay más que seguridad, protección y amor.

Así, un bebé se vuelve invisible cuando se le deja llorar por largo rato sin atenderlo, lo cual, como mencionamos ya, le hace sentir abandonado e ignorado; cuando no se le abraza y toca o se hace en mínima medida; cuando no se le mira a los ojos ni se le habla con voz amorosa y suave. *Platicar* con un bebé puede sonar absurdo, pero el hacerlo le comunica en muchos niveles la certeza de estar siendo tomado en cuenta y conectado con quien le habla. Basta con mirar cómo reacciona a nuestra conversación para convencernos de que esto es verdad. Suponer que los bebés no entienden ni comunican es un error.

No hay duda alguna de que es difícil cuidar a un bebé, lidiar con él y atender todas sus necesidades. Yo pienso que por eso fueron hechos tan encantadores: sus cachetitos, sus manitas, todas las monerías que hacen, nos hacen mucho más sencillo sobrellevar la tarea de criarlos, la cual puede resultar muy pesada. Fácil no es, pero eso no nos exime de cumplir con el compromiso sagrado de criarlos con el mayor amor de que somos capaces.

NIÑOS INVISIBLES (18 MESES A TRES AÑOS Y MEDIO)

En lo personal siento una enorme fascinación y un gran amor por los bebés y los niños. Cuando sucede, realmente me duele el abandono, el abuso y la indiferencia de los adultos hacia ellos, así como la imposibilidad que las criaturas tienen de hacer algo al respecto. No importa cuán mal sean tratados y cuánto desamor vivan en su hogar, no pueden hacer nada. No les queda más que aguantar lo que los adultos les demos.

Por eso, el compromiso que adquirimos cuando nos convertimos en padres es sagrado; se me antoja decir: el más sagrado. Si bien todos los compromisos lo son –el de pareja, el de trabajo–, en todos ellos estamos lidiando con adultos. Lo que hace tan delicado y especialmente sagrado el compromiso con nuestros hijos es que siempre estaremos lidiando con personas menores que nosotros, con nuestros descendientes. Y mientras más pequeños sean éstos, son más vulnerables e indefensos. A un bebé lo podemos dejar tirado en la calle; le podemos torcer el bracito, dar cianuro en el biberón; a un niño lo podemos maltratar cada minuto, golpear e insultar, y no puede hacer nada al respecto. Cuando se es niño, uno no se va de la casa porque se está incapacitado para mantenerse y cuidarse a sí mismo. Así, los niños son totalmente vulnerables a la benevolencia o malevolencia de nosotros, sus padres, que los traemos al mundo.

Ese compromiso sagrado que adquirimos con la vida al tener un hijo implica la satisfacción de todas sus necesidades hasta que llega el momento en que por sí mismo el niño va siendo capaz de satisfacerlas. Una de esas necesidades, la de ser amado, es también un derecho que por el sólo hecho de existir a cada uno nos corresponde. Una faceta de ese amor, además, es *ser visto*.

Un niño de 18 meses a tres años y medio está inmerso en la fascinante tarea de conocer el mundo. Esto a veces implica sentir temor e incertidumbre ante lo desconocido y, siendo realistas, casi todo les resulta desconocido. Si observamos con atención a los niños de esta edad, notaremos cuánto buscan la ayuda y apoyo de los adultos para trepar, abrir, explorar, alcanzar algo. Piden con insistencia esa ayuda hasta que les ponemos atención y se las damos.

Es una etapa de la vida en la que les encanta nuestra compañía durante sus juegos y travesías por el maravilloso mundo que quieren explorar. No sólo les encanta nuestra compañía, sino que también la necesitan.

Mi adorado nieto está justamente en esta etapa, tiene dos años cuatro meses. Donde quiera que estemos, llama a alguien de nosotros, su familia que tanto lo amamos, para que lo acompañemos: al segundo piso de la tienda, a trepar la barda que encontró o a conseguir cualquier cosa que desea. Mientras dice "¡Ven, ven!", toma de la mano al "elegido" y lo conduce al lugar de su interés.

En esta etapa, los niños requieren además la guía de los adultos para enseñarles cómo funcionan sus juguetes, hablarles sobre las cosas que les llaman la atención, jugar con ellos y, también, para ponerles límites.

Un niño de esta edad requiere que le cantemos, que le platiquemos mucho, que le mostremos el mundo e, igualmente importante, que le pongamos atención cuando nos habla –como quiera que sea su lenguaje– y le demos nuestra ayuda cuando la solicita.

Los niños que piden, jalan o de cualquier forma llaman la atención una y otra vez sin recibir respuesta se sienten sumamente frustrados e ignorados. Yo me pongo en sus zapatos y puedo entender lo intensos que dichos sentimientos deben ser: es saberse completamente impotente de llevar a cabo algo que se desea con tanta vehemencia y depender de otro para conseguirlo, pero que ese otro no responda.

Si bien es cierto que no todo lo que desean se les va a permitir o a dar, la simple atención a su petición para decirle que no, explicarle tal cosa o responder y reaccionar a su llamado, son formas de decirle que nos importa, que lo escuchamos y lo *vemos*. Cuando por el contrario, ante sus peticiones de ayuda –sea cual fuere la forma en que lo exprese– encuentra que se le ignora, no se le responde y ni siquiera se le voltea a ver, se sentirá sin duda ignorado e invisible.

Por supuesto, es totalmente normal que hasta la madre o el padre más bien intencionados a veces ignoren las llamadas de atención de su niño porque se encuentran ocupados o simplemente no tienen ganas de responder a ellas. Sin embargo, recordemos que cuando determinada conducta se establece como un patrón –es decir, que la mayoría de las veces sucede así–, es cuando causará importantes daños en el niño. Y en este caso específico, provocará la sensación de ser invisible.

NIÑOS INVISIBLES (CUATRO A 10 AÑOS)

Diana es una niña de ocho años. "Llora mucho", dice su mamá. "¿Y por qué llora?", la cuestiono. "Pues, no lo sé". "¿No le has preguntado?", indago. "Pues, la verdad no", responde la mamá.

Acto seguido le pregunto a la criatura por qué llora tanto y, como si estuviera sedienta de que alguien le preguntara, me responde de inmediato: "Porque nadie me hace caso". Comienza a contarme, una tras otra, sus *quejas* acerca de cada uno de sus hermanos, su mamá y su papá. "Nadie me hace caso", vuelve a decir, "ni siquiera el padre Luis" –el sacerdote de la familia–. Resulta que la niña le pidió una cita para hablarle de sus dolores y el sacerdote le dijo que la vería el sábado siguiente a las 10 de la mañana en su oficina, al lado de la iglesia. Ese día, Diana se levantó muy entusiasmada, se arregló y desayunó recordándole a su mamá constantemente que tendría que llevarla a tiempo a su cita con el sacerdote. Llegaron a la iglesia y pocos minutos después él se presentó en la sala de espera donde aguardaban Diana y su mamá para decirles que iba a atender a una señora y no tendría tiempo de hablar con la niña.

Diana regresó a su casa desilusionada. "Lloró mucho rato", dijo la mamá. El papá preguntó que ahora por qué lloraba la niña. Cuando la mamá le contó, se dirigió a la recámara de su hija para decirle enojado que ésa no era razón para llorar, que para qué había molestado al padre pidiéndole una cita, que estaba siendo una egoísta porque había gente que de veras tenía problemas importantes, etcétera.

Ignorar o minimizar los *problemas* de un niño le hace sentir que no importa y que no merece que dediquemos tiempo ni energía en escuchar sus cosas, las que consideramos como tonterías. Sin embargo, los problemas de una criatura son para ella tan importantes y devastadores como los de los adultos son para ellos.

Diana es la menor de una familia de cinco. La llaman *el pilón*, tal como erróneamente infinidad de padres se refieren al hijo que nació casi por accidente varios años después del que habían considerado el último que tendrían. La palabra *pilón* significa, según el Diccionario de la Real Academia Española: "lo que el vendedor da más del justo peso, o el pedazo pequeño que añade para completarlo". Desde el momento en que llamamos así a un niño, entre líneas se le está mandando un degradante mensaje respecto a sí mismo.

Por lo general estos hijos que nacen cuando la familia ya se consideraba completa son educados en uno de dos extremos: puede ser que uno de los padres –especialmente la madre– lo tome como *su compañerito*, porque ya los demás se están yendo, de tal manera que forma con él/ella una relación de dependencia y apego que a veces llega a niveles verdaderamente insanos. Cuando esto sucede, se trata de madres que no tienen una vida propia y el único sentido de su existencia se establece alrededor de los hijos. Si los mayores se están yendo, el erróneamente llamado *pilón* le cae de maravilla al adulto para llenarle los vacíos de su insatisfactoria vida.

El otro extremo en el que se cae con estos hijos es el que se daba en la vida de Diana. Los padres ya están cansados de criar hijos y ya no tienen la energía que poseían cuando eran más jóvenes y estaban en pleno proceso de formar a su familia. Esto les lleva a desatender en gran medida las necesidades del hijo menor, que además se percibe como un advenedizo que se coló en la familia sin invitación.

Los hermanos mayores de estos niños –ya adolescentes o adultos– están tan ocupados en sus propios asuntos que el hermanito menor con sus preguntas, sus variadas peticiones y sus solicitudes de que alguien juegue con él –con el consecuente llanto cuando no lo consigue– les parece una monserga que no les queda otra más que soportar.

Aun cuando podemos entender lo difícil que pueda ser lidiar con un hijo o hermanito cuya edad no tiene nada que ver con la etapa de vida que el resto de la familia está viviendo, es necesario resaltar que el niño tiene el derecho de pasar por todas sus etapas de vida como lo hicieron los otros hermanos y tiene necesidades que requieren ser atendidas. Todo lo demás nunca será una justificación para que éstas no sean satisfechas.

OTRA CONDUCTA que lamentablemente muchos padres presentan y que lleva a los niños a sentir que ellos no importan en lo absoluto es la de pelear, discutir y gritar de forma cotidiana, como en el caso de la familia de Eduardo, quien es un niño de ocho años. Los padres de Eduardo discuten cada minuto de cada día desde hace muchos años. Por lo general las discusiones son a gritos y rara vez en volumen bajo. El tema de éstas siempre son tonterías sobre las que redundan una y otra vez en un vano intento por ganar, cada uno, la lucha de poder en la que viven.

Distraídos como están en sus discusiones, además de las múltiples ocupaciones –laborales del padre y sociales de la madre–, le prestan poca atención a sus tres hijos, quienes la mayor parte de la tarde la invierten viendo televisión o jugando videojuegos: las dos nanas electrónicas favoritas de muchos padres.

La noche de un viernes se suscitó una larga y estridente discusión entre los padres. Aunque peleaban metidos en su recámara, sus gritos invadían toda la casa. Eduardo, cansado, abrumado y asustado se metió con su almohada en un hueco detrás de la secadora de platos, que estaba encendida, con el fin de amortiguar los gritos de sus padres. En unos minutos se quedó dormido y pasó ahí toda la noche.

El niño convirtió esta conducta en un hábito que le servía para dejar de oír lo que tanto le angustiaba escuchar. Pasaron varias semanas para que sus padres se enteraran y esto fue debido a que un sábado se quedó ahí dormido hasta tarde y al llegar la empleada doméstica lo encontró en su escondite e informó a sus padres.

LAS PELEAS DE LOS PADRES, vistas desde la perspectiva de un niño, son realmente terroríficas, no sólo por los estruendosos gritos y violentas acciones o ademanes que las acompañan, sino también por las cosas que se dicen en el proceso: "ya no te soporto, me voy a ir de la casa", "mejor hay que divorciarnos", "eres un/una...", todo lo cual en verdad asusta y angustia a los niños. El susto y la angustia se incrementan con el hecho de que ellos se la creen. Cada vez que los padres dicen que se separarán, los niños lo consideran una verdad. Por lo tanto, es muy cruel estarlos preocupando con amenazas que en realidad los padres no tienen la intención de cumplir.

Cuando los padres gritan, se ofenden o se agreden físicamente, los niños sufren las mayores angustias posibles. Por ello, existen muchos adultos que vivieron estas situaciones en su infancia y que expresan el intenso sentimiento de dolor y terror en el que vivían.

Los niños con padres como éstos crecen convencidos de que ellos, simple y llanamente, no importan: lo que sientan no importa, lo que necesiten no importa, el daño que se les haga no importa… ellos no importan. Sentir que uno no importa es uno de los más fuertes sentimientos que caracterizan a un ser invisible.

El simple hecho de nacer, sean cuales fueren las circunstancias y razones por lo que esto sucedió, le da a ese ser el derecho a ser amado, atendido, protegido y *visto*. Ésa es una de las bellezas de la vida.

ADOLESCENTES INVISIBLES (11 A 18 AÑOS)

Carlos, de 13 años, es un apasionado fanático del futbol soccer tal vez en parte como una forma de identificarse con su papá y sus dos hermanos mayores a quienes también les encanta. Como parte de su atracción hacia dicho deporte, espera con gran entusiasmo los eventos especiales como campeonatos mundiales o los encuentros entre sus equipos favoritos, para los que casi siempre su papá compra entradas para Carlos y sus dos hermanos.

Sin excepción alguna, Carlos, convencido de que irá, se emociona hasta el punto de brincar y gritar de gusto cuando su padre llega con los boletos en la mano. Sin embargo, con gran frecuencia se lleva grandes desilusiones porque a la mera hora el padre, sin más ni más, decide otro destino para el boleto de Carlos: el amigo que acaba de llegar de visita, el compadre que le llamó justo el día anterior, el vecino que se encontró al llegar del trabajo y a quien también le entusiasma el evento en cuestión…

De forma invariable, a pesar de que su padre le hace esto ocho de cada 10 veces, Carlos sigue creyéndole y entusiasmándose intensamente en cada ocasión. Asimismo, continúa sintiéndose dolorosamente desilusionado cuando su padre, una vez más, le falla.

Si uno lo ve con ojos de adulto, probablemente se pregunte por qué Carlos sigue creyendo aun cuando su padre le ha dado tantas muestras de que no cumple sus promesas. Incluso, quizá, se pueda catalogar al chico como un tonto por confiar una y otra vez en la banal palabra de su padre. La verdad es que el corazón de los niños y adolescentes necesita creer en sus padres. Dentro de los chicos, sin importar cuántas ocasiones les fallen, siempre existe la esperanza de que "a lo mejor ahora sí".

No creer en la palabra de sus padres los haría sentir asustados, inseguros y perdidos en el mundo, porque ellos –y todo lo que sale de estos– son su sostén. Así pues, cada vez que los padres expresan, ofrecen o prometen algo, los hijos lo vuelven a creer, aun cuando haya habido innumerables ocasiones en las cuales no han cumplido e incluso cuando el creerles traiga consigo el riesgo de otra dolorosa desilusión.

Esto también explica el porqué cuanto dicen los padres se convierte en la verdad absoluta para sus hijos. De manera tal, cualquiera que sea el mensaje que constantemente le envían –eres un flojo, un tonto, eres malo, feo, inútil, maravilloso, amado, merecedor, valioso, etc.–, el hijo lo cree ciegamente.

En el caso de Carlos, cada una de las mencionadas acciones de su padre –que rayan en lo cruel– le mandaron este mensaje: "Tú no eres importante, mis amigos lo son más; tú estás en último lugar; tú no mereces; tú no existes". Por eso, el hijo terminó creyéndolo y desarrolló patrones de comportamiento que le acompañaron toda la vida y relaciones en la cuales el otro le falla, incumple o traiciona constantemente, tal como lo hizo su padre.

Cuando sanamos las heridas de la infancia o adolescencia, cuando trabajamos en un proceso de curación interior, podemos cambiar esos patrones y somos capaces de darnos a nosotros mismos ese lugar digno que todos merecemos.

La adolescencia es una etapa que puede resultar engañosa, en el sentido de que nos puede dar la impresión de que nuestros hijos ya no nos necesitan o, incluso, que nos quieren lo más lejos posible. Ellos parecen tan independientes, tan capaces de tomar sus decisiones y tan libres que con frecuencia los padres nos la creemos.

La verdad es que el hijo adolescente nos necesita muchísimo más de lo que está dispuesto a reconocer. Numerosos estudios muestran que ellos no desearían que sus padres los dejaran hacer lo que les da la gana, porque ello los haría sentir inseguros, perdidos y asustados.

Debido a esa confusión en la que los padres de hijos adolescentes pueden caer, y al hecho de que los adolescentes prefieren estar alejados de los adultos, se corre el riesgo de soltarlos prematuramente y de comenzar a ignorar sus cosas, prestando poca atención a sus necesidades, comportamientos y posibles conflictos existenciales que tan comunes son en esta etapa de la vida.

En otro sentido, cuando los hijos han llegado a la adolescencia, los padres están en una edad en la que –por todo lo que implica esa etapa de la vida– sienten un fuerte impulso para realizar proyectos personales. Aunado a la aparente y engañosa independencia de los hijos que ya hemos mencionado, es posible que los padres se enfrasquen en sus asuntos personales con tanta intensidad como no lo habían hecho cuando sus hijos eran pequeños. Esto puede traer como consecuencia que pasen poco tiempo con sus hijos adolescentes o que no les presten atención ni los supervisen, lo cual a veces llega a un extremo nada sano.

Hace unos días conocí a una familia que bien puede ser ejemplo de uno de estos casos. Los padres son propietarios de una empresa exitosa que les proporciona buenas ganancias y satisfacciones. Debido a las exigencias de la empresa, además de sus *hobbies* personales y actividades sociales, se mantienen extremadamente ocupados. Tienen una hija de 19 años y un hijo de 16. Éste va y viene a cualquier hora, lugar y día, y en pocas palabras hace lo que le da la gana, sin que sus ocupadísimos padres siquiera se enteren.

El colmo fue hace una semana, cuando su hija de 19 años les dijo: "¿Están enterados de que mi hermano no ha regresado a casa desde el jueves?" —era domingo en la tarde—. Pues no, no estaban enterados. Al oír esto, los sorprendidos padres pusieron el grito en el cielo y de inmediato empezaron a hacer llamadas para localizarlo. Cuando la hija vio el alboroto les dijo: "¡Uy qué escándalo, si lo hace a cada rato!"

¡Esto sí que es indiferencia!

4

Las diversas reacciones a la invisibilidad

Los seres humanos somos una maravillosa y sorprendente creación y, como tal, en todos los niveles de nuestro ser poseemos una impresionante capacidad para sanar, sobreponernos, resolver, compensar. En el nivel físico, por ejemplo, nuestro cuerpo tiene un potencial asombroso para recuperarse de una enfermedad leve o grave, así como de una herida o traumatismo, de cualquier medida e intensidad. Con frecuencia me quedo impresionada cuando tomo conciencia de este potencial de nuestro frágil y a la vez poderoso cuerpo físico, que de inmediato responde a cualquier gesto de amor y cuidado y/o a los intentos de curación que le demos; además de que a pesar de todos nuestros descuidos y abusos, se recupera. Recuperarse es su respuesta natural; cuando ya no lo hace es porque hemos abusado demasiado de él, tanto que ha disminuido dramáticamente o perdido su fortaleza y su potencial para autorregularse.

En el nivel psicológico también poseemos esa sorprendente capacidad para sobreponernos. Cuando existe alguna carencia o desequilibrio, nuestra *psique* crea una o varias estrategias para recuperar el balance o simplemente para poder *funcionar* en la vida de la mejor manera posible.

En el caso específico que nos ocupa, el de los seres invisibles, cuyo corazón sufre por la indiferencia de quienes los rodean y su alma clama por ser vistos, su psique desarrollará alguna estrategia –sana o no– para volverse visibles y de esta forma suavizar sus dolorosos –y a veces intolerables– sentimientos generados por la invisibilidad.

Cabe enfatizar que estas estrategias no son el producto de una decisión voluntaria, planificada y consciente, sino una reacción inconsciente que tiene varios propósitos: aliviar el dolor por la indiferencia, conseguir ser tomados en cuenta y volverse visibles. Ser visto es reconfortante, ¡delicioso!; es reconocerse a sí mismo como parte de la raza humana, como alguien que ocupa un lugar en el mundo, porque es y está.

La manera en que esto se logra a veces no sólo beneficia al individuo, sino a la sociedad completa; en otras ocasiones ocurre totalmente lo contrario. Así pues, insisto, los seres invisibles desarrollan de manera inconsciente ciertas estrategias para volverse visibles y hacerse presentes. Éstas son las más comunes:

- Convertirse en héroe.
- Convertirse en sociópata.
- ¡Me ven porque me ven!
- Permanecer invisibles.

Dejo claro que en ningún momento uso ni usaré estos términos en una forma despectiva ni jocosa, sino con profunda seriedad y con el respeto que cada ser humano merece.

Revisemos a continuación cada una de ellas.

CONVERTIRSE EN HÉROE

Existe un mecanismo de defensa[1] llamado *compensación* que consiste en recuperarse y/o sobreponerse a una carencia, conflicto o una desventaja, a través de triunfar en otra área sustitutiva.

---

[1] Los *mecanismos de defensa* son medios que utilizamos inconscientemente para afrontar las situaciones difíciles, distorsionando, rechazando o disfrazando la realidad, para así reducir la ansiedad.

En los años setenta, el paidopsiquiatra Michael Rutter tomó un concepto de la física llamado *resiliencia* y lo introdujo por primera vez en el ámbito psicológico. En la física, este término se refiere a la capacidad que tiene un material para recuperarse de una deformación producida por una presión extrema. En el campo de la psicología la resiliencia se refiere a la capacidad del ser humano para sobreponerse al dolor emocional extremo, hacer frente a las adversidades de la vida, superarlas e incluso crear algo útil y productivo pese a ellas o gracias a ellas.

Así pues, un ser invisible podrá compensar esta condición volviéndose exitoso y/o famoso en diversos grados o aportando grandes cosas a la sociedad.

Convertirse en héroe como mecanismo para compensar la invisibilidad es una estrategia adaptativa del tipo *ir hacia las personas* que, con base en la teoría de Karen Horney, expliqué en el Preámbulo.

Los seres invisibles que compensan su invisibilidad convirtiéndose en héroes presentan, en mayor o menor grado, ciertas características que les son comunes:

- Autoexigencia, que los lleva a lograr cosas cada vez mayores y a hacer muy bien lo que hacen, lo cual les trae reconocimiento, admiración y afecto de los demás. Esta autoexigencia puede llegar a pasar los límites de lo sano, convirtiéndose en una especie de obsesión por alcanzar más y más. Y en ese interminable intento de alcanzar metas cada vez mayores, se puede llegar a generar extrema ansiedad y angustia.
- La sensación de insuficiencia. Hagan lo que hagan, tan bien como lo hagan y reciban el reconocimiento que reciban por ello, siempre está presente una sensación de que algo faltó, de que pudo haberse hecho más, mejor o de forma diferente.
- Dificultad para reconocer y valorar sus propios logros. Lo que hace que el reconocimiento de los demás no ten-

ga el impacto que debería tener, ya que si uno mismo no
se reconoce, el que viene de afuera parece no tener eco.

Las dos personas, cuyas historias presento a continuación
para ejemplificar al ser invisible que se convierte en héroe, me dijeron que en realidad lo que habían logrado no era tan importante.
Al conocer sus historias de vida, mi opinión fue muy diferente.

A continuación te presentaré las historias del señor Raúl
Jiménez Martínez y de la señora Mary Seggerman Fladung,[2] dos
admirables seres humanos cuyo generoso corazón me ha permitido mostrarlas en este libro, con la finalidad de comprender
mejor los conceptos que estamos tratando. Sus historias serán,
sin duda, una inspiración para muchos de nosotros.

El orden en que las presento se debe solamente a la sucesión
en la cual estos relatos llegaron a mi vida.

La historia del señor Raúl Jiménez Martínez

Don Raúl nació en condiciones de extrema pobreza en la ciudad
de Querétaro, en México. Su padre falleció cuando él tenía sólo
seis meses de edad. Su agobiada madre trabajaba largas horas
en la dura tarea de desmanchar y planchar ropa de otros para
ganarse el sustento. La minúscula casa se inundaba con toda clase de ropas que la señora alisaba, una a una, con pesadas plan-
chas de bronce que se calentaban en turnos sobre el bracero de
carbón. No tenían electricidad durante el día, ni agua potable
ni dinero ni apoyo de nadie.

Raúl era el menor de una familia de seis hermanos, ya todos
adultos, lo que propició que creciera muy solo y aislado. Él
recuerda que no había nadie que lo orientara, le diera consejos,
notara su ausencia o su presencia. "Yo era algo que existía pero

---

[2] Menciono sus nombres reales con su autorización.

no existía. Yo no contaba. Como que a nadie le interesaba dónde anduviera o lo que hacía. Y no les reprocho, porque cada uno apenas podía con lo suyo", comenta don Raúl con la serenidad que caracteriza a alguien que se ha reconciliado con su vida.

Así pues, el pequeño Raúl pasó sus días de infancia divirtiéndose solo, como podía. Los interminables paseos, los chapuzones en el río y las carreras por los extensos campos que rodeaban el pueblo eran parte de su vida cotidiana.

Tuvo la fortuna de que una generosa familia le pagara el tercer año de primaria, en el cual, dice, aprendió mucho por tener un buen maestro, aunque no por su asiduidad a las clases, porque prefería andar jugando que asistir a la escuela. Su dedicado y comprometido profesor, el señor Colín, al ver que el niño faltaba constantemente, le decía: "Ay, Raúl, ¡si tú vinieras a la escuela!" Y se quedaba con él todos los días una hora después de clases para ponerlo al día.

Así transcurría la vida para Raúl. Al regresar de la escuela, dice, "si había comida, comíamos; si no, pues lo que hubiera". En la casa faltaba dinero, alimento, ropa, zapatos y prácticamente todo. Con las reducidas propinas que recibía al entregar la ropa de los clientes de su mamá iba haciendo su pequeño ahorro, motivado con la idea de juntar un peso, lo cual nunca sucedía, porque siempre terminaba regalándoselo a su mamá, hecho que a ella la conmovía hasta las lágrimas.

Su hermana mayor, llamada Carmela, ya vivía con su pareja fuera de casa desde que él tiene memoria, pero aun así fue un elemento muy importante en casi todas las etapas de su vida.

Cuando Raúl tenía unos nueve o 10 años, uno de sus hermanos falleció y poco después su mamá enfermó de cáncer. Esto los obligó a su hermana Carmela y a él a mudarse a la ciudad de México para que la madre fuera atendida en un hospital. La extrema necesidad de dinero obligó a Raúl a ir al mercado a ofrecer sus servicios ayudando a las señoras a cargar sus canastas de víveres. Éste sería lo que él considera su primer *empleo*, el cual hacía muy bien y le redituaba buenas propinas y, a veces, algo de comida de parte de sus satisfechas clientas.

Poco después descubrió que podía trabajar también vendiendo periódicos. Esto le ayudó a duplicar sus entradas económicas y le hacía sentir realmente satisfecho y orgulloso de sí mismo por aportar algo de dinero a su familia y verse capaz de hacer bien las cosas.

Finalmente, el cáncer se llevó a su mamá y, con mucha tristeza en su corazón, Raúl y su hemana regresaron a Querétaro. Era muy doloroso estar en casa sin su mamá, por lo que a los 12 o 13 años decidió irse hacia el puerto de Veracruz, donde encontró un trabajo en el muelle. Ahí permaneció varios meses, descargando barcos y viviendo en un pequeño cuarto. El sindicato descubrió que Raúl era menor de edad, lo que provocó que lo despidieran del trabajo. Se había ya ganado tan buena reputación como un trabajador muy responsable y eficiente que el capataz lo conservó, llevándoselo a un área administrativa donde no fuera notoria su presencia.

A sus 15 años regresó a Querétaro, su tierra natal, donde realizó varios trabajos pequeños, y hasta uno de maestro rural en un pequeño rancho, donde educaba a 27 alumnos. Enseñaba muy bien a leer a los niños, cuyos padres estaban encantados con el profesor.

De ahí siguieron varios trabajos en distintas ciudades, con los cuales buscaba –y lo lograba– mejores condiciones de vida. En cada uno de ellos dejó jefes totalmente satisfechos con su excelente desempeño y compañeros que lo respetaban y apreciaban, además que desarrolló múltiples habilidades.

En muchas ocasiones pasó soledad y hambre, y durmió en la calle, en el campo o donde encontraba un lugar para resguardarse. Sin embargo, su fuerza interior lo empujaba a seguir adelante para encontrar otros empleos, invariablemente, honestos.

Su historia de vida está plagada de relatos que muestran sus innumerables actos de integridad, que le proporcionaron siempre gran cariño y admiración de sus amigos, compañeros de trabajo y jefes.

Desde el día que empezó a trabajar, Raúl le mandaba mensualmente una cantidad de dinero a su hermana Carmela, según sus posibilidades. Un día la fue a visitar a su tierra natal y ella le dio la amorosa y fraternal sorpresa de que todo el dinero que le había enviado lo había ahorrado y con él le había comprado un terreno.

Durante varios años, Raúl *persiguió* al amor de su vida: Elma, quien finalmente lo aceptó y se casaron. Con su mujer, quien era hermosa, alegre y lo apoyaba, tuvo cinco hijos, que fueron su motivación para seguir en su constante búsqueda de ir más adelante, lo cual fue siempre el eje de su existencia.

Uno de sus trabajos más trascendentales fue en una empresa en la que comenzó desde abajo y fue creciendo sin que nada pareciera detenerlo, hasta alcanzar un puesto ejecutivo de gerente regional.

Su intenso y permanente deseo de superación, así como la madurez profesional que fue adquiriendo a lo largo de sus productivos años laborales, comenzaron a bullir dentro de él, llevándolo a tomar una de las más valientes decisiones que un hombre pueda elegir en su vida laboral: independizarse. Al escuchar su decisión, sus jefes, que estaban encantados con su forma de trabajar, le ofrecieron una tentadora propuesta con la esperanza de hacerlo cambiar de opinión y conservarlo en la empresa, la cual no quería perder a tan valioso elemento. Dicha propuesta implicaba una promoción a un nivel ejecutivo más alto, con su correspondiente aumento de ingresos.

Perseguir su sueño de independizarse era más fuerte que todo, por lo que Raúl, sabiamente, obedeció a ese llamado interior rechazando la propuesta. Sus jefes no tuvieron más que aceptar tan determinante decisión y junto con sus compañeros le ofrecieron una merecida despedida, lamentando su retirada y admirándolo por su valentía.

Como es natural, al tomar decisiones tan drásticas como ésta pasó por un proceso de arrepentimiento, reproche, cuestionamiento y duda sobre si había hecho lo correcto. Ese *fantasma*, como él lo llama, lo persiguió durante un buen tiempo.

Cargando con todo eso, dio el primer paso en el camino de su independencia y compró su primer negocio: un restaurante que convirtió en un éxito a través del trabajo duro y de calidad que día a día, él y su esposa Elma, realizaban. Este negocio fue el primero de varios, incluidos cuatro hoteles, que le trajeron éxito y prosperidad en todos los aspectos.

Actualmente, a sus 81 años, don Raúl vive tranquilo, disfrutando de la compañía de su hermosa familia, de las actividades que realiza con sus amigos y de los bien merecidos frutos de una vida de trabajo duro, bien hecho, comprometido y honesto.

Análisis de la historia
del señor Raúl Jiménez Martínez

Como hemos visto, don Raúl comenzó su vida partiendo de cero, o mejor dicho, de menos cero. De ahí se forjó a sí mismo un carácter fuerte y un código de ética personal con hermosos valores que fueron el sello que caracterizó todas sus acciones. Sin tener una profesión, se forjó un éxito profesional que no le dejó más que puertas abiertas dondequiera que trabajó. Su fuerza interior y valentía le llevaron a establecer la estabilidad personal, familiar, social y financiera de la que ahora merecidamente goza.

Un niño que nace y crece en las circunstancias de don Raúl bien podría haberse convertido en un delincuente o simplemente haberse quedado en la misma miseria que lo recibió al venir al mundo y lo acompañó durante su infancia y adolescencia. Cuando le pregunto qué cree él que lo llevó a volverse un hombre íntegro, trabajador, valiente y exitoso, a pesar de su infancia solitaria y paupérrima, me responde que lo que marcó una diferencia determinante en su vida fue su maestro de tercero de primaria, el señor Colín. Siendo ya un adulto, un día fue a buscarlo para darle las gracias, pero lamentablemente ya había fallecido. Creo que con nombrarlo y reconocerlo es una forma de honrarlo y agradecerle.

Y en efecto, ese dedicado maestro, a través del interés que mostraba por él, y del hecho de regalarle una hora diaria de su tiempo personal para ponerlo al día, le dio al pequeño Raúl este mensaje: "Tú eres capaz, tú puedes, confío en ti, mereces ser visto, mereces que te dé una hora extra de mi tiempo para apoyarte, el tiempo que invierto en ti vale la pena, eres valioso".

Esa hora extra, por otra parte, era un momento donde Raúl se sentía totalmente *visto*, ya que durante ese tiempo tenía completita la atención de su maestro para él, sin tener que compartirla con el resto de sus compañeros.

Como ya lo mencioné, Karen Horney, así como otros investigadores del desarrollo de la personalidad, afirman que cuando un niño tiene la fortuna de tener aunque sea a una persona que lo ama, se interesa por él, lo valora o por lo menos lo aprecia, podrá superar los efectos nocivos que le dejaría el abuso, la agresión, el abandono o, en el caso que nos ocupa, la indiferencia en medio de la cual crece.

Podríamos, así, concluir que los principales factores que marcaron una diferencia en el destino que tomó la vida de don Raúl fueron:

- Su hermana mayor, Carmela, quien, aunque abrumada por sus propios problemas, estuvo siempre por ahí, presente en la vida de Raúl.
- El maestro Colín y su confianza sin reservas en el potencial de Raúl.
- La familia que le pagó el tercer año de primaria, pues con esta acción le mandó el mensaje: "Vale la pena invertir en ti".

- Su gran *fuerza yoica*. Ésta es una entereza que le permite a la persona sobreponerse a las presiones y frustraciones que encuentra en el medio que lo rodea. Cuando no se tiene una fuerza yoica, los obstáculos tumban y desalientan. Cuando se tiene, se superan, se aprende de ellos y se madura con ellos.
- El reconocimiento que recibió desde su primer empleo cargando las canastas de las señoras en el mercado y que a lo largo de su vida con tanta frecuencia se repitió por parte de sus jefes –figuras de autoridad–, siempre muy satisfechos con su trabajo. Este reconocimiento, por una parte, contribuyó a incrementar su autoestima y, por la otra, le condujo a potencializar sus cualidades y su capacidad de hacer de manera excelente su trabajo, porque lo que se reconoce, se refuerza.

En la historia de don Raúl se manifiestan también, en diversas medidas, las características comunes de los seres invisibles que compensan su invisibilidad convirtiéndose en héroes, y que ampliamente expliqué al inicio de este capítulo. Algunas saltan a la vista en la narración y otras las percibí a lo largo de la extensa entrevista que me concedió:

- Autoexigencia. Todo lo tenía que hacer muy bien.
- Sensación de que no es suficiente y podría haber hecho más, mejor o de forma diferente. Esto lo llevó a dudar de las decisiones que tomó incluso cuando era pequeño y aun cuando salta a la vista que éstas fueron las acertadas.
- Dificultad para valorar sus propios logros.

Con todo mi respeto, muchas gracias a don Raúl por enriquecer este libro con su historia.

La historia de la señora
Mary Seggerman Fladung

Mary Seggerman nació y creció en la ciudad de Nueva York, en el seno de una familia muy adinerada. Su padre era un exitoso importador de vinos y su madre era ama de casa. Los primeros dos años de su vida –de acuerdo a lo que cuenta su madre– los pasó todo el día en la cuna junto a su mascota, una perra bóxer llamada Lily. La madre dice que Lily fue su niñera los dos primeros años y después contrató a Greta, una mujer alemana que Mary adoraba. Desafortunadamente, Greta regresó a su país después de un par de años y, a partir de entonces, una sucesión de trabajadoras domésticas pasaron por la vida de Mary, y pasaron de lejos, porque la principal actividad que se les asignaba era limpiar la casa, no necesariamente cuidar a los niños.

Mary no tiene recuerdo alguno de ningún tipo de interacción o convivencia con su padre, porque sencillamente no la había. Él era un hombre frío y emocionalmente lejano, quien exigía a su madre que cuando él llegara de trabajar, Mary y su otro hijo estuvieran ya en su recámara y dormidos porque no quería ser perturbado por ellos. Cabe mencionar que la hora en que regresaba era a las siete de la noche; demasiado temprano en realidad. No obstante, la consigna era que, dormidos o no, los niños estuvieran ya dentro de su recámara para cuando él llegara a casa. Al parecer este padre en lugar de desear ver a sus hijos lo que deseaba era no verlos.

Mary describe con tristeza su constante sensación de ser invisible, de no ser tomada en cuenta. Ella y su hermano no tenían ningún tipo de supervisión y casi nada de interacción con sus padres u otros adultos a su alrededor. Nunca cenaron o comieron en la misma mesa que sus padres, sino en un lugar completamente apartado del comedor; con la trabajadora doméstica como única compañía, cuya intermitente presencia duraba sólo mientras les servía los platos.

Mientras cuenta su historia, Mary insiste, varias veces y con gran tristeza, en el hecho de que no tiene ningún recuerdo de algún tipo de interacción con su papá. Sus padres se divorciaron cuando ella tenía 10 años y su hermano, seis.

Fue hasta después del divorcio que algunos recuerdos de su padre se instalaron en la memoria de Mary, ya que la ley dictó que cada 15 días los niños pasaran el sábado con él. Esto de alguna manera forzó las circunstancias para que ellos convivieran por lo menos ese día.

Dos años después del divorcio, su madre se casó con un hombre al que Mary describe como *malvado*; un ser abusivo física y verbalmente, frío, exigente y descalificador y, por si fuera poco, viviendo del dinero de la madre de Mary. El día en que se casaron, el hombre dejó de trabajar y no volvió a hacerlo por el resto de su vida.

La invisibilidad de Mary, que era parte de su día a día, se incrementó después de que su madre contrajo matrimonio con ese hombre, con quien tuvo dos hijos. Éstos se convirtieron en lo único que a este hombre le importaba. Cuando iban de vacaciones –que en ocasiones duraban varias semanas– solamente llevaban a esos hijos, dejando en casa a Mary y a su hermano, como si ellos no existieran.

Su padre se casó de nuevo y tuvo dos hijos. A ellos los llevaban a toda clase de viajes maravillosos, pero no así a Mary y a su hermano, tal como sucedió con los hijos de su madre y su padrastro. Sobra decir que esto reforzaba todavía más la sensación de no contar, no merecer y no existir que ya era parte de los cotidianos sentimientos de Mary.

Su hermano se fue de la casa a los 14 años, un día lo atropellaron y fue internado en un hospital por dos meses, con la pierna gravemente fracturada. La indiferencia de sus padres era tal que ninguno de ellos fue a visitarlo ni una sola vez. "¡Imagínate, su hijo de 14 años en el hospital por dos meses y nunca fueron a verlo!", comenta Mary.

En medio de toda esta desprotección e indiferencia en la que se desarrolló la infancia de la señora Mary, ella tuvo la fortuna de tener una abuela a la que adoraba. Gagi –como le llamaba– era la única que de alguna manera la hacía sentir que existía. La llevó a un par de viajes y eventualmente a cenar a algún restaurante. A los 13 años, Mary tuvo que enfrentar la devastadora pérdida de su abuela, que le dejó un gran vacío y la sensación de estar más sola y desprotegida que nunca.

El tiempo siguió su curso y Mary se convirtió en una popular y carismática adolescente. En esta época se mudó a otra ciudad para continuar sus estudios y se sintió liberada al ya no tener que soportar a su padrastro.

Al paso del tiempo, Mary contrajo matrimonio y tuvo dos hijos. Durante sus primeros años de matrimonio comenzó su carrera profesional. Su enorme sueño de estudiar en la prestigiosa escuela de negocios Wharton, considerada la mejor del mundo, la llevó a atreverse a pedir un préstamo a su madre y a su padrastro para pagar las costosas cuotas. Éste le respondió con un rotundo no, afirmando que invertir dinero en ella sería un desperdicio. "¡Y eso que el dinero era de mi madre!", dice Mary. Finalmente, la mejor amiga de su mamá le prestó el efectivo y así comenzó sus estudios en la prestigiada institución. Esto la hizo sentir que florecía y que el sol por fin brillaba para ella.

Después de graduarse, comenzó una exitosa carrera como consultora de negocios de varias empresas y, en una etapa posterior, dirigió algunas de las más grandes e importantes compañías en los Estados Unidos. Siempre rebasó sus objetivos y fue calificada con los más altos rangos de productividad. Todo esto le acarreaba gran admiración por parte de sus jefes, colegas y compañeros de trabajo, que apreciaban su capacidad en todo lo que valía.

Mary llevó a cada una de esas compañías a lograr significativos avances en su productividad, así como a la introducción de nuevos productos y el consecuente aumento de ingresos, más allá de toda expectativa. Todo esto le otorgó un reconocimiento como una de las "100 Superstars of Marketing" en los Estados Unidos.

Ella se da cuenta de que su principal motivación para alcanzar el éxito que logró fue que buscaba ser vista y reconocida, en especial por su padrastro, lo cual tristemente nunca sucedió. A pesar de su gran éxito profesional, aquél jamás le dio una muestra de reconocimiento por sus logros.

Hay un evento en la vida de Mary que es por sí mismo muy duro y devastador, pero las circunstancias familiares alrededor de él incrementaron lo traumático del hecho. Cuando ella tenía 21 años pidió *aventón* en una carretera, lo cual era una costumbre muy común para los jóvenes de aquella época. El hombre que se lo dio la violó. Mary buscó ayuda e hizo todo lo que legalmente correspondía, pero en un suceso como éste el apoyo de la familia es indispensable para poder superarlo.

Ella se comunicó con sus padres para contarles y pedirles apoyo, pero como era de esperar, ellos estaban metidos en sus propios asuntos y no acudieron en su ayuda. Lo peor de este incidente fue el día cuando años después, durante una cena con su familia, su esposo e hijos de ocho y 10 años presentes y algunos otros amigos, su madre *vomitó* este horrible comentario: "Cuando estabas en California y dijiste que fuiste violada, era una mentira, eso nunca te pasó".

Mary no pudo responder a ello, se quedó paralizada de dolor por la frialdad y falta de respeto con que su madre trató el tema, por su atrevimiento de decir que nunca sucedió y por revivir la herida que su indiferencia le causó cuando semejante hecho ocurrió.

Cuando los padres anulan e invalidan las experiencias traumáticas de sus hijos, tal como la mamá de Mary hizo, el mensaje oculto que envían a su hijo es: "Tú no existes, por lo tanto, nada de lo que te suceda existe".

A pesar de todos los sinsabores que pasó, la señora Mary se forjó a sí misma una muy buena vida que ahora, a sus 65 años y ya jubilada, disfruta al lado de su familia y amigos, en la paradisiaca playa de México donde reside. Además, todavía muestra muchas ganas de realizar cada uno de los proyectos que su creativa e inquieta mente concibe.

Análisis de la historia de la señora
Mary Seggerman Fladung

La indiferencia de los padres de Mary era extrema. Cada uno de sus días de infancia estuvo marcado con mensajes como: "Tú no eres importante, me molesta tu presencia, no te quiero ver, tú no cuentas", etc. Recibir estos mensajes constantemente puede convertirse en un decreto que conduce al hijo a obedecerlos, pues los hijos obedecen lo que los padres dicen y esperan de ellos. En el caso de Mary, bien pudo haberse convertido en ese *cero a la izquierda* como sus padres le hicieron sentir con sus múltiples acciones de indiferencia y desprecio.

En lugar de eso, ella se convirtió en una exitosa y muy reconocida mujer de negocios, cuyo paso por las empresas que dirigió dejó una trascendental huella. Sus atinadas acciones y decisiones cambiaron la historia y el destino de esas importantes compañías hacia rumbos muy afortunados.

Retomo una vez más esta idea de la teoría de Karen Horney, que mencioné al presentar el caso de don Raúl: cuando un niño tiene la fortuna de tener aunque sea a una persona que lo ama, se interesa por él, lo valora, o por lo menos lo aprecia, podrá superar los efectos nocivos que le dejaría el abuso, la agresión, el abandono o, en el caso que nos ocupa, la indiferencia en medio de la cual crece.

Mary tuvo la fortuna de tener a una abuela que la amaba y de alguna forma compensó el abandono de sus padres. También Greta, la nana alemana que la cuidó durante dos años y a la que Mary adoraba, tuvo un rol muy importante en su desarrollo.

Lamentablemente ambas se fueron de su vida, agrandando la herida de abandono que ya de por sí tenía el corazón de Mary.

Cuando hablamos de abandono no sólo nos referimos al que se da cuando los padres se van, físicamente, del lado de sus hijos. De hecho, un padre o madre puede, por cualquier circunstancia, no vivir al lado de su hijo y aun así estar muy presente en su vida y su desarrollo, dándole tal grado de amor y apoyo que el hijo no experimenta su ausencia física como abandono. Así mismo, como en el caso de Mary, los padres pueden vivir al lado de sus hijos y aun así éstos se sienten abandonados e ignorados debido a la indiferencia y falta de interés de los padres.

¿Qué hizo la diferencia en el desarrollo de Mary? ¿Cuáles fueron los factores que de manera más importante determinaron que ella se convirtiera en una mujer sana, exitosa, valiente y amorosa como lo es? Indudablemente muchos factores intervinieron, pero destacan de manera muy especial los siguientes:

- Una abuela amorosa y presente, así como su nana Greta.
- Su gran fuerza yoica, cuyo significado expliqué con anterioridad.
- La amiga de su madre, quien al prestarle el dinero para estudiar en la escuela de negocios Wharton le mandó este implícito mensaje: "Tú puedes lograr tus metas, confío en ti, por eso te apoyo".
- El reconocimiento que siempre recibió de sus colegas, jefes y amigos por su extraordinaria inteligencia y habilidad para los negocios.

Si bien los dos últimos puntos que menciono sucedieron en su edad adulta, el efecto sanador que tuvieron alcanzó a su niña interior que seguía sedienta de ser vista y reconocida.

¡Es tan importante trabajar en sanar a nuestro niño interior herido! Más adelante hablaré ampliamente sobre este tema y ofreceré algunas propuestas para lograrlo.

Por otra parte, en la historia de la señora Mary encontramos también los rasgos de personalidad que tan comúnmente se presentan en las personas que han compensado su invisibilidad convirtiéndose en héroes y que revisamos en el caso de don Raúl:

- Autoexigencia –todo lo tenía que hacer muy bien–. Esta autoexigencia se muestra en el hecho de que aun cuando ahora está retirada disfrutando de los merecidos frutos de una larga vida de trabajo duro, algo dentro de ella le impide relajarse y simplemente disfrutar, porque siente que debería estar haciendo algo *productivo*.
- Sensación de que sus logros no fueron suficientes y podría haber hecho más, mejor o de manera diferente.
- Dificultad para valorar sus propios logros y admirables rasgos de personalidad. Ella me contó cuánto le cuesta recibir halagos y creerlos.

Con todo mi respeto, muchas gracias a la señora Mary por enriquecer este libro con su historia.

CONVERTIRSE EN SOCIÓPATA

Con frecuencia se confunden los términos *psicópata* y *sociópata*, lo cual no es de extrañar, ya que incluso los investigadores en estos campos concluyen que hay entre ambos mucho en común. No obstante, existen entre ellos ciertas diferencias que mencionaré de manera general.

En el caso de los sociópatas la causa primordial de su comportamiento es de origen social, como el hecho de haber tenido padres que no fueron capaces de poner límites ni ayudar a desarrollar la tolerancia a la frustración,[3] y que fueron indife-

---

[3] *Tolerancia a la frustración* es una fuerza de carácter que permite ser capaz de sobreponerse a los sentimientos de dolor, desilusión, enojo, miedo, tristeza e impotencia, que se originan cuando las cosas no resultan como uno quisiera.

rentes a las necesidades y sentimientos de sus hijos. En el caso de los psicópatas, además de esos factores familiares, existen otros de índole genético, así como anormalidades en la química y estructura de su cerebro.

En este espacio me estaré refiriendo a la persona sociópata, cuyas características más comunes son las siguientes:

- Incapacidad para empatizar con otros −ponerse en sus zapatos−.
- Aunque en ocasiones puede sentir remordimiento, no es lo suficientemente intenso como para llevarlo a cambiar su conducta y, en algunos casos, hay total ausencia de éste.
- Complejo de inferioridad y muy baja autoestima que normalmente se manifiestan en su opuesto: una actitud de soberbia, prepotencia y megalomanía.[4] Recordemos que los extremos son lo mismo.
- Una constante búsqueda de nuevas sensaciones, que los hagan sentir que existen, que están vivos y que a veces llegan a niveles extremos.
- Deshumanización y falta de compasión.
- Incapacidad para respetar las normas y adaptarse a ellas.
- Falta de conciencia de que todo tiene implicaciones; además, se indignan, ofenden y sienten víctimas cuando las consecuencias llegan.
- Egocentrismo.
- Incapacidad de amar y establecer relaciones afectivas sanas con otras personas.
- Falta de responsabilidad.
- Exceso de hedonismo.
- Altos niveles de impulsividad.

[4] *La megalomanía* es un estado psicopatológico que se caracteriza por delirios de grandeza, de poder, de omnipotencia, de riqueza y una obsesión por tener el control.

- Necesidad de sentir control y poder por los medios que sean, sin importar las consecuencias o daños que estas conductas causen a otros.
- Usa a las personas para su propio beneficio.

Así, el sociópata se vuelve visible cometiendo actos que van en contra de los demás y, por lo tanto, dañando a la sociedad. Convertirse en sociópata como mecanismo para compensar la invisibilidad es una estrategia adaptativa del tipo *ir contra las personas* que, con base en la teoría de Karen Horney, expliqué en el Preámbulo.

En otro sentido, el cometer actos delictivos funciona como un medio para hacerse presente en el mundo, para establecer puntos de referencia que validen esa presencia: "Yo causé esto, por lo tanto, existo".

En innumerables ocasiones, las acciones cometidas por los sociópatas hasta los vuelven famosos. Con frecuencia se les otorgan largos espacios en los diversos medios de comunicación –televisión, radio, medios escritos–, describiendo en detalle sus fechorías. Los medios de comunicación vuelven famosos a los delincuentes por lo mucho que nos hablan de ellos. Desde mi punto de vista esto es un error, y en lo personal me desagrada e indigna. Toda esa información, que a veces hasta se antoja ridícula, a nadie beneficia y sólo refuerza y potencia esa energía oscura. ¿Por qué no le dan la misma importancia a las tantas proezas que gente maravillosa y luminosa realiza cada día? ¿Por qué no nos hablan de ello de la misma manera, con la misma intensidad y la misma frecuencia que lo hacen de los delincuentes y sus fechorías? La respuesta que representantes de diversos medios me han dado cuando los he cuestionado es: "Lo otro vende más". ¡Qué lamentable!

Pero, ¿qué hace que una criaturita inocente, un lindo y tierno bebé, se convierta posteriormente en un sociópata? Si bien son diversos los factores que pueden intervenir para que esto suceda, el entorno en el que la persona se desenvuelve cobra una enorme importancia. Un factor determinante, y sin duda el más importante para el desarrollo de la personalidad sociopática, es la educación recibida en casa por los padres. Son estos factores, los familiares, los que analizaremos en este libro.

En realidad, todos los padres somos imperfectos, todos cometemos errores grandes y pequeños. En ciertas ocasiones, por etapas, o como estilo de vida, todos presentamos actos de desamor hacia nuestros hijos. Para que un padre y una madre críen hijos sanos, buenos, honestos, felices y productivos no tienen que ser perfectos. Existen muchas, muchísimas personas que fueron criadas con sustanciales errores en su educación y aun así son gente maravillosa y sana.

Además, muchos errores que los padres cometemos serán subsanados por las posteriores experiencias que nuestros hijos vivan. La escuela de la vida, envolviéndolos en su amoroso cuidado, los llevará a vivir las experiencias necesarias para que aprendan lo que sus padres no fueron capaces de enseñarles y así desarrollen los rasgos de carácter que no pudieron desarrollarles.

Sin embargo, hay ciertas actitudes y acciones de los padres que son fuertemente propiciadoras del desarrollo de importantes patologías de personalidad y, en el caso que nos ocupa, de la sociopatía. Por ello, éstos deben ser evitados a toda costa.

- Padres ausentes que no se ocupan de sus hijos.
- Padres que permiten que su hijo los maltrate: les grite, los insulte, escupa, golpee, etc.
- Padres incapaces de manejar su autoridad y poner límites.
- Padres que no permiten a sus hijos vivir las consecuencias de sus actos y decisiones.
- Padres incapaces de decir "no" cuando hay que hacerlo.
- Padres que permiten una total ausencia de reglas en su vida cotidiana, o tremenda inconsistencia en el establecimiento y cumplimiento de las mismas.

- Padres que no han sido capaces de enseñar a sus hijos a postergar, a tolerar ni a aceptar cuando las cosas no son como las desean ni en el momento que las quieren.
- Padres que les facilitan demasiado la vida a sus hijos, les solucionan todo, evitándoles cualquier incomodidad.

Todos estos comportamientos y actitudes de los padres generan personas que no tienen fuerza de carácter, que sin ningún respeto toman de la vida o de otros lo que quieren y cuando lo quieren; que están convencidos de que todo y todos estamos a su servicio y, por lo tanto, la vida y las personas debemos andar a su paso, pintarnos del color que les gusta y estar ahí para que nos usen a su conveniencia. Encima de todo esto, cuando las cosas no suceden a su gusto y medida se sienten víctimas de la sociedad y de la vida misma.

No obstante, existe un factor, el *no ver* a sus hijos, que en ocasiones puede ser el único que se presenta en la relación de padres e hijos. Aunado a ciertas variables, este factor puede ser suficiente para provocar que el niño se convierta en sociópata, porque se transforma en la estrategia que le funciona para hacerse visible.

El siguiente caso nos ejemplifica este punto.

La historia de José[5]

José es un hombre de 37 años que cumplió sentencia en una prisión del norte de México por robo, reincidencia y asalto a mano armada. Él, generosamente, me ha permitido conocer su historia y presentarla en este libro con el fin de que al analizarla comprendamos cómo el tipo de conducta paterna que mencioné

[5] A petición de él, no se ponen sus apellidos. Explícitamente, me pidió que no me refiera a él como "señor José" o "don José", porque eso lo hace sentir más viejo.

en el párrafo anterior puede propiciar el desarrollo de una personalidad sociopática. A continuación te presento su historia, con el mismo respeto con el que he presentado las anteriores.

José es el menor de dos hermanos. La vida cotidiana de su familia se desarrolló bajo un manto de tristeza y agobio producido por la severa parálisis cerebral que padecía su hermano mayor, la que le impedía realizar por sí mismo cualquier tarea personal, tal como vestirse, comer, caminar, asearse, hablar, etcétera.

Esta situación acaparaba casi cien por ciento de la atención, energía y tiempo de su abrumada madre, quien además de atender las tareas de casa y a su hijo tenía que llevarlo dos o tres veces por semana a terapia de rehabilitación en el transporte público, porque el único vehículo que la familia poseía era un viejo auto que el padre utilizaba para transportar las mercancías que vendía en las ciudades y pueblos aledaños, con el fin de proveer el sustento a su familia. El tipo de actividad laboral del padre propiciaba que pasara muchas horas, y en ocasiones varios días, fuera de casa. Cuando estaba en ella, pasaba el tiempo durmiendo largas siestas o viendo televisión, totalmente aislado de la vida familiar.

José recuerda con tristeza que en muchas ocasiones pasaban días enteros sin que intercambiara ni una sola palabra con su padre, debido a sus largas ausencias y a la indiferencia total que mostraba cuando estaba en casa. Una dolorosa sensación de soledad, de sentirse ignorado, como si él no fuera parte de la familia, era el estado emocional que secretamente acompañaba a José día tras día. Él reconoce que hacía muchas cosas para agradar a su mamá, buscando de esa manera ser tomado en cuenta por ella. Por ejemplo, le ayudaba en alguno de sus quehaceres en casa, pero "mi mamá ni cuenta se daba de que yo había lavado los trastes o limpiado el baño", comenta José.

Los días en que a su hermano le tocaba terapia, antes de irse a la escuela José acompañaba a su mamá a la parada del transporte público, cargando a su hermano sobre la espalda de su delgado cuerpo de nueve años. En esas ocasiones tenía la esperanza y el inmenso deseo de que su mamá le dijera algo como: "¡Gracias, José! ¡Qué buen hijo eres!" Pero esto nunca sucedió. Su mamá ni siquiera lo volteaba a ver, simplemente retiraba de la espalda de José a su hijo enfermo, mientras alzaba y movía la cabeza con inquietud para ver si ya se acercaba el transporte. Cuando el tiempo lo permitía, José esperaba a su lado a que éste llegara antes de tomar su camino hacia la escuela. Llegaba el autobús y su mamá se subía con su hijo sin siquiera voltear a ver a José y, menos aún, despedirse de él.

Así pasó su infancia, sintiéndose ignorado y rezagado en medio de la ausencia de su padre y la indiferencia de su abrumada y dolida madre; al lado de un hermano con el que no podía interactuar ni convivir ni jugar ni pelear ni hacer todo lo que los hermanos hacen.

No sólo José, sino su familia completa se sentían aislados y rechazados por el resto del clan —abuelos, tíos, primos— y por sus vecinos. "Éramos como los apestados. Yo creo que por la enfermedad de mi hermano", dice José con un dejo de tristeza y enojo en su voz.

Pasaron algunos años y José se convirtió en un inquieto adolescente. Acostumbrado como estaba a ser ignorado por sus padres y a que su ausencia o su presencia pasaran desapercibidas para ellos, comenzó a estar mucho tiempo fuera de casa, yendo y viniendo con sus amigos, con quienes por primera vez se sintió parte de algo. Lamentablemente estos amigos no eran los que un padre desearía para su hijo, porque pasaban sus ratos libres holgazaneando, molestando a la gente que transitaba, rayando los autos estacionados y fastidiando, como podían, al que les pasaba por enfrente. Y, por supuesto, José lo hacía junto con ellos.

Si bien es obvio que este grupo de jóvenes ya mostraba conductas antisociales, las cosas empeoraron cuando se integró un nuevo miembro: un joven dominante y manipulador, unos tres

años mayor que los otros, quien ya se había formado un pequeño historial de actos delictivos menores como robos de espe-
jos de autos, carteras de los ocupantes del transporte público o
mercancías de alguna tienda. Así, de inmediato se convirtió en
el líder del grupo.

José recuerda con precisión el primer hurto que él come-
tió. Fue una mañana de tantas que en lugar de ir a la escuela se
fue a vagar con sus amigos. Iban caminando por una concurri-
da calle comercial, cuando vio a una señora mayor que sacaba
unos billetes de su bolso para pagar algo que estaba por com-
prar. En ese preciso momento pasaron junto a ella y él sintió
un fuerte impulso –al que obedeció– de arrebatarle los billetes
e irse corriendo a toda velocidad, mientras gritaba a sus amigos: "¡Corran, corran!" Éstos respondieron al mandato de José
y emprendieron la veloz carrera que, entre la sorpresa, confusión y temor de quienes los vieron, hizo imposible que fueran
alcanzados.

Éste, lamentablemente, fue su primer hurto, el que le proporcionó la admiración y los aplausos de sus amigos y, por primera
vez en su vida, la sensación de que alguien le daba el reconocimiento que tanto había anhelado. Este reforzamiento de sus amigos, y en especial del recién llegado líder del grupo, fue un factor
determinante para que José continuara con su carrera delictiva.
El otro poderoso ingrediente fue la lacerante indiferencia de sus
padres, que matizó su vida desde la más tierna infancia.

A partir de este hecho, él y sus amigos continuaron con una
serie de hurtos que fueron creciendo, hasta que cometieron un
robo a mano armada en un concurrido y lujoso restaurante. Los
planes les fallaron y fueron aprehendidos y procesados.

José me cuenta sobre la sensación de poder que percibió al
tener el control durante este específico atraco: "Yo veía como
la gente me temía y me obedecía", dice textualmente. Cuando
le pregunto cómo le hacía sentir esto, me responde al instante:
"¡Respetado!"

Actualmente, a sus 37 años, José vive en el sureste de México, tratando cada día de reconstruir su vida. Pertenece a una comunidad religiosa muy integrada, que le da sentido a su vida y que lo mantiene lejos de las tentaciones. Ahí ha conocido a personas que a pesar de saber sobre su pasado lo aprecian y respetan; tiene un trabajo honesto que le permite vivir dignamente y cada día se recuerda a sí mismo que "volver a las andadas", como él lo dice, sólo le traerá sufrimiento y el gran riesgo de ser encarcelado de nuevo; experiencia que no le desea ni a su peor enemigo.

Con todo mi respeto, muchas gracias a José por enriquecer este libro con su historia.

Análisis de la historia de José

La sensación de ser invisible acompañó a José durante toda su infancia y parte de su adolescencia, debido en gran parte al hecho de que la condición de su hermano y los intensos cuidados que requería absorbían prácticamente cien por ciento del tiempo, energía y atención de su madre.

Es muy común que cuando un hijo presenta severos problemas, ya sean de índole física, psicológica o conductual, los padres estén tan distraídos y ocupados *viendo* a ese hijo, que el resto de ellos quedan completamente desatendidos e ignorados.

Podemos fácilmente comprender a la agobiada madre de José y entendemos a la perfección que si apenas podía con la carga de atender a su hijo mayor, ya no le quedaba ni fuerza ni ánimo para ocuparse de las necesidades de su hijo José. Sin embargo, lo comprendemos desde nuestra percepción de adultos, pues cuando se es un niño no se entienden así las cosas. Los niños no tienen la capacidad de hacer ese tipo de inferencias, reflexiones y consideraciones. Es más, ni siquiera ha terminado de desarrollarse la parte de su cerebro encargada de ese tipo de razonamiento, que implica mucho más que un proceso mental. Los niños, entonces, sólo experimentan la situación en medio de la cual viven en el seno familiar y reaccionan a ella, siendo afectados para bien o para mal.

Por otra parte, la actitud evasiva del padre de José reforzaba aún más la sensación de aislamiento y soledad que acompañaba al niño en su día a día.

Cuando alguna situación se escapa de su control, muchos hombres experimentan enormes cantidades de impotencia, preocupación y miedo. Esto es debido a que, en parte por naturaleza y en parte por cultura, ellos son *solucionadores de problemas*, y cuando la solución no está en sus manos, los sentimientos que experimentan los llevan a encontrar, inconscientemente, mil formas de evadirse. De la misma forma, como adultos podemos comprender esto, pero el niño que vive con un padre así no es capaz de entenderlo. Su corazón sufre por la indiferencia del padre y ésta tendrá efectos inevitables en el desarrollo de la personalidad del niño.

Sean cuales fueren las razones y circunstancias que crearon esa dinámica familiar de aislamiento e indiferencia de los padres de José, es indiscutible que él fue profundamente afectado por ello.

Cuando un hijo no es visto por sus padres, buscará inconscientemente la manera de ser visible con el fin de satisfacer esa necesidad, lo cual es primordial para el corazón humano. En la infancia de José no hubo alguien que *lo viera*. De haber existido una persona que lo hiciera, como en los casos presentados con anterioridad, el rumbo de José pudo haber sido diferente. La realidad muestra que, en efecto, eso marca una gran diferencia en la vida de un niño.

En el caso de José su invisibilidad no encontró alivio sino hasta su adolescencia cuando conoció a su grupo de amigos, con los que por primera vez halló el reconocimiento que tanto buscó de su madre y su padre y que nunca obtuvo. Fue con sus amigos donde se sintió notado y tomado en cuenta. Lamentablemente ese reconocimiento, del cual estaba sediento, reforzó la conducta que lo causó. Una vez más recordemos: lo que le reconocemos a alguien, se refuerza.

Otra faceta de la vida de José que es interesante analizar es esa especie de *discriminación* que vivieron por parte de su propio clan familiar, de los amigos y vecinos. Con frecuencia, cuando en una familia hay un miembro que sale drásticamente de los parámetros de lo normal, aceptable, bonito, correcto, etc., se excluye a la célula familiar de la cual es parte. Esto sucede por diversas razones, una de ellas es que al estar en contacto con la enfermedad, el dolor o los problemas de otros, se reactivan nuestros propios dolores no sanados, por eso mejor nos mantenemos lejos. Otra razón es que en general lo diferente o extraño causa miedo. Suponemos que tenemos que hacer *algo* al interactuar con una persona con capacidades diferentes cuando en realidad no tenemos que hacer nada, y al no saber cómo comportarnos ante lo *diferente* mejor nos mantenemos alejados, volteando la cara hacia otro lado.

Así, también estas personas nos activan una especie de *culpa existencial*: "Yo estoy sano, completo, funcional, mientras tú no lo estás". En otro sentido, tan crudo como suene, cuando una familia tiene un miembro como el hermano de José, con frecuencia lo vive como un hecho vergonzoso; por una parte, la familia misma se aísla, pero por otra, los demás la rechazan. Esto suena cruel e inhumano, pero es la realidad. Vivimos en una sociedad excluyente, que discrimina a aquellos de sus miembros que no cumplen con los requerimientos para ser aceptados. Asimismo, dentro de una familia, aceptar a sus miembros *defectuosos* y superar la vergüenza social por tenerlos es una tarea que sólo se logra a través de un profundo trabajo y crecimiento interior.

¡ME VEN PORQUE ME VEN!

A donde quiera que vayamos, encontraremos a estos seres invisibles intentando volverse visibles ¡a la fuerza! Son aquellas personas que llaman la atención comportándose de manera escandalosa y/o exhibicionista, así como llevando en su cabello o en su cuerpo toda clase de ropas, accesorios o cosas inusuales y estrafalarias, *obligando* a los demás a verlos de forma inevitable. Con gran frecuencia reciben burlas, desprecio y rechazo, pero tal vez eso sea menos duro que no ser vistos. "Véanme aunque me desprecien. Otórguenme su atención, aunque sea para burlarse. Concédanme una mirada, aunque sea humillante", pareciera que así implora el corazón de estos seres invisibles, que buscan ser notados a través de ser diferentes, ¡muy diferentes!

En estas personas, por lo general, también hay una actitud de superioridad, convencidos de que por ser como son, hacer lo que hacen y vestir como visten son *libres*, *diferentes* y, de alguna manera, *superiores* y *mejores* que el resto de nosotros. La verdad detrás de estos comportamientos es que hay un gran complejo de inferioridad que se trata de disfrazar con su opuesto: sentirse superiores, menospreciando a los otros.

Hablar a gritos y comportarse de manera histriónica, provocando que todos alrededor volteen a ver, es otra forma de llamar la atención, de hacerse presente, de decirle al mundo: "¡Aquí estoy!".

Como ya mencioné, la necesidad de ser vistos es tan grande, que nos aferraremos a cualquier cosa, comportamiento o apariencia que nos otorgue la atención que el niño interior herido sigue buscando, sin importar la edad que tengamos.

Yo conocí muy de cerca a una mujer que bien puede servirnos como ejemplo en este caso. Estuvo presente en mi vida durante 10 años hasta que se fue a vivir muy lejos y perdí contacto con ella. A lo largo de ese tiempo presencié infinidad de veces toda clase de actos de exhibicionismo que en ocasiones eran obvios e inconfundibles, pero a veces se presentaban tan sutiles y disfrazados que podrían haberse interpretado simplemente como los de una personalidad extrovertida y sin prejuicios.

Ella tenía como mascota a una hermosa perrita de una raza realmente rara, cuyo nombre no recuerdo; la tenía a su lado, literalmente, las 24 horas del día. La perrita tenía una apariencia tan especial, única y hermosa, que a donde iba llamaba la atención. En todos lados detenían a esta mujer para admirar a la perrita y hacerle preguntas sobre ella. Así, tener esa mascota especial que llamaba la atención la hacía a ella sentirse especial y, por ende, atraer también la atención hacia sí misma.

Después de varios años en su vida, la perrita murió, lo cual la metió en un profundo proceso de duelo por su pérdida. En cuanto se recuperó un poco adoptó a otro perrito, pero éste era tan normal y común que no le brindaba la atención de los demás que el anterior sí le proporcionaba. Entonces, aunque sea difícil de creer —yo no lo podía creer—, ¡decidió que lo pintaría de azul! De haberlo hecho, sin duda alguna, hubiera sido la *estrella*, el centro de atención a donde quiera que fuera. Pero quiso el destino, o quizá las diosas protectoras de los perros, que justo el día cuando llevó al perrito al salón de belleza para que le aplicaran el tinte en sus tupidos pelos ahí se encontrara una apasionada activista de la sociedad protectora de animales, quien al enterarse sobre lo que estaba a punto de hacer se puso furiosa y le advirtió que si le ponía ese tinte al perrito, ella la acusaría y la institución se lo quitaría porque ésa era una forma de abuso que ponía en riesgo la salud del animalito. Ella, que ya se había encariñado con su nueva mascota, no pudo más que obedecer y conformarse con su perrito común y corriente.

Sin embargo, no importaba, porque tenía otras formas de llamar la atención. Por ejemplo, el extraño vehículo que poseía: una camioneta con zonas perfectamente renovadas y relucientes, y otras tan destartaladas que daba la impresión de que en cualquier momento se partiría en pedazos. Obviamente, también el vehículo llamaba la atención. Cuando de plano se le acabó, compró un auto compacto, tan común y corriente que no lo pudo soportar. Mandó pegarle por todos lados unas enormes calcomanías con formas de soles sonrientes, de manera tal que al verlo pasar resultaba difícil distinguir qué rayos era eso. Como es de suponer, su auto, y ella dentro de él, no pasaban desapercibidos; ¡era imposible no verlos!

Así también, con frecuencia mandaba larguísimos correos electrónicos –no menores de dos páginas– a todos sus amigos y familiares, sometiéndonos a la tortura de contarnos sus *jornadas interiores*, como ella les llamaba, en las cuales narraba que le pasó no sé qué, hizo no sé cuánto, aprendió no sé qué y sintió quién sabe qué. Yo dejé de leer sus correos, los cuales se sentían ofensivos, no por su contenido, sino por el hecho mismo. Un día le dije: "¿Por qué supones que a la gente le importa todo eso? ¿Por qué supones que tenemos el tiempo para leer todo sobre tus *jornadas interiores*?" Por supuesto se molestó por mi comentario.

Otro día me contó enojada que una amiga le había dicho que era una *exhibicionista emocional* y más se enojó cuando le respondí que yo estaba de acuerdo con su amiga.

La cereza del pastel llegó cuando se le ocurrió escribir un libro sobre su vida, en el cual narraba toda clase de intimidades de ella y de otras personas cercanas. Mandó hacer 500 copias del mismo y lo envió a amigos, familiares, ex alumnos, ex compañeros y a todo aquel que se le ocurrió, incluida yo, por supuesto, que no tenía ninguna disposición de leerlo, pero me pidió por favor que lo hiciera y le diera mi retroalimentación. Le respondí: "Si no te gusta, te vas a enojar, ¿para qué me la pides?" Me contestó que estaría totalmente abierta a escuchar lo que le dijera, fuera lo que fuera.

Después de leer su libro le di mi retroalimentación y, tal como me lo prometió, ¡la aguantó! Era un libro cargado de agresión pasiva que se revelaba al contar *inocentemente* intimidades de la vida de su ex esposo, sus hijos –ya adultos– y otras personas de su alrededor. A todos ellos les cobró las facturas que sentía que le debían a través de exponerlos y ridiculizarlos en su libro. Además, ventiló toda clase de intimidades de su vida sexual y lo saturó de esas aburridas *jornadas interiores* que le encantaba contar.

Su libro levantó ámpula en muchas de las personas que lo leyeron: sus hijos y otros familiares se sintieron traicionados y agredidos, sus amigos le dijeron que cómo era posible que hubiera escrito y mostrado todo eso y, además, lo hubiera enviado a tantas personas que ni siquiera eran cercanas. En lo personal, al proporcionarle la retroalimentación que ella me había pedido, le hablé de su clara agresión pasiva, de su ya tan conocido exhibicionismo y de su falta de respeto al hablar en su libro de la vida de segundas y terceras personas, a lo cual no tenía ningún derecho.

Ella recibió los comentarios de todos con una actitud de superioridad, afirmando simplemente que ella era muy libre y los demás éramos cuadrados y rígidos. ¿Libre? En realidad era la más esclava de las esclavas; necesitar tanto de la atención de los demás, hacer tantas cosas para obtenerla no es libertad.

Con cada uno de sus comportamientos parecía suplicar: "¡Por favor, hablen de mí! ¡Por favor, tómenme en cuenta! ¡Por favor, volteen a verme!". Y siempre lo consiguió.

En su necesidad de ser vistos, algunos de los seres invisibles que desarrollan la estrategia "me ven porque me ven", la presentan bajo un matiz muy particular. Y digo "algunos", porque no cualquiera posee las características requeridas para ello: extremo atractivo físico.

La siguiente es la historia de una mujer de 34 años, la cual nos servirá para ejemplificar este punto. Por no tener su auto-

rización explícita para usar su nombre verdadero, la llamaré
Raquel.

La historia de Raquel

Ella es la menor de 10 hermanos, hija de una madre cuya
vida estuvo llena de dolor y pérdidas, que comenzaron desde
que era niña con la muerte repentina de sus adorados padres,
quienes fallecieron en un accidente. Todo lo vivido convirtió
a esa madre en una mujer aislada y cerrada emocionalmente;
tan encerrada en sí misma, que no se sentía su presencia en la
casa ni se involucraba en la vida escolar y personal de sus 10
hijos. Esta frialdad emocional fue el sello que definió su relación con ellos.

El padre era un exitoso comerciante de zapatos que estaba tan
ocupado en sus viajes, sus ocupaciones laborales y las frecuentes
parrandas con sus amigos, que rara vez se le veía por la casa comien-
do con la familia o conviviendo con ellos los fines de semana.

Al ser la menor de tan numerosa familia, Raquel recuerda lo
sola que se sentía y lo expresa metafóricamente diciendo: "Crecí
silvestre, colgándome del brazo de cualquiera de mis hermanos
que pasara a mi lado, como para recordarles que ahí estaba".

En múltiples ocasiones sus hermanas mayores la obligaban
a retirarse de su lado, señalándole: "Esta conversación no es
para niñitas" o "aquí sólo entran adolescentes", y una serie de
comentarios como éstos que formaban parte de la vida cotidiana de Raquel y la hacían sentir rechazada, excluida y sola.

Esta sensación de rechazo crecía con el hecho de que su hermana cuatro años mayor era la consentida de sus padres y además muy bonita, lo que provocaba que a donde fuera la gente
halagara su belleza, mientras que a Raquel, que siempre estaba a su lado, ni siquiera la volteaban a ver. Al menos ésa era la
sensación que ella siempre tenía en medio de estas situaciones.

Al paso de unos años, su hermana se convirtió en una hermosa adolescente asediada por una buena cantidad de jóvenes. Raquel sufrió muchas desilusiones que la hacían llorar en secreto durante las noches; cada vez que ella se "enamoraba" de algún chico, éste terminaba interesándose por su hermana. Aun cuando esto es comprensible por el simple hecho de que en ese tiempo Raquel era sólo una niña, ella lo interpretaba como una prueba de que no valía y a nadie le gustaba, lo que incrementaba su sensación de aislamiento, rechazo y exclusión.

Por otra parte, los padres eran tremendamente injustos con Raquel. La mencionada hermana era consentida, berrinchuda y antipática y le encantaba acusar a Raquel de cosas que no había dicho o hecho, ante lo cual y sin averiguación alguna, sus injustos padres la regañaban o castigaban sin darle jamás la oportunidad de defenderse o explicar su versión. Cuenta Raquel cómo la impotencia y desesperación que sentía cuando no le permitían defenderse le aplastaban el corazón y la hacían llorar.

Raquel también recuerda con tristeza cómo sólo una vez durante toda su infancia le compraron un vestido nuevo, porque la ropa que usó siempre fue la que iban dejando sus hermanas al crecer. Del mismo modo, se acuerda de la hermosa y costosa fiesta que sus padres organizaron cuando cada una de sus hermanas cumplió 15 años, y su negativa a organizar una cuando Raquel llegó a esa edad.

Así pasaba la vida, en medio de las injusticias de sus padres, el rechazo de sus hermanas y la rivalidad y competencia –en la que siempre perdía– con su hermana cuatro años mayor.

Transcurrieron algunos años y un día, cuando tenía unos 16, sucedió algo que Raquel define como "una enorme y sorpresiva sacudida". Resulta que ella y la susodicha hermana iban caminando por la calle, cuando pasaron por un café al aire libre donde se encontraban un par de atractivísimos jóvenes. Al verlas pasar, de inmediato se levantaron de la mesa y las alcanzaron para invitarlas a tomar un café. El elemento que convirtió este hecho en una sacudida para Raquel fue que ambos se dirigían a ella compitiendo por conquistarla, viéndola con embeleso y diciéndole hermosos piropos que, según dice, nunca olvidará.

¡Raquel no podía creerlo! Se suponía que esos piropos deberían ir dirigidos a su hermana como siempre había sucedido. Al parecer, este evento no fue una sacudida sólo para Raquel, sino también para su hermana, quien reaccionó con molestia y la jaló del brazo alejándola de ahí a toda prisa. El resto del día no le volvió a dirigir la palabra y se mostró enojada con ella.

Ese día, por primera vez en su vida, Raquel se sintió no sólo notada al estar al lado de su hermana, sino incluso notada por encima de ella. La hermana, acostumbrada como estaba a ser el centro de atención, no podía creer ni soportar que Raquel fuera más atractiva. La competencia entre las hermanas, en la que siempre Raquel perdía, ahora fue ganada por ella.

Raquel pensó en aquel encuentro con los jóvenes durante muchos días, y por primera vez fue consciente de que estaba convirtiéndose en una hermosa joven, más hermosa que cualquiera de sus hermanas. A partir de ese día, como si se hubiera descorrido un velo que cubría sus ojos, comenzó a notar cuán vista era por las personas, y muy especialmente por los hombres.

Al paso del tiempo, día tras día, año tras año, se aferró cada vez más al recurso de la hermosa cara y el voluptuoso y llamativo cuerpo con los que fue bendecida, para reafirmarse a sí misma y atraer la atención que tanto deseó desde su más tierna infancia. Raquel comenzó a vestirse de manera tan sugerente y seductora que a veces rayaba en lo grotesco y, de esta forma, era imposible no verla.

Raquel acudió a terapia porque había tres áreas de su vida que la tenían triste e insatisfecha: el hecho de que no tenía amigas –"no me llevo bien con las mujeres", me dijo–; el hecho de que a sus 34 años no tenía la relación de pareja estable, formal y duradera que tanto deseaba; y el hecho de que tampoco tenía un empleo satisfactorio, permanente y del nivel que correspondía a su buena preparación académica.

Gracias a que estaba tan cansada de su descontento con las mencionadas áreas, se involucró de manera profunda y comprometida en su proceso terapéutico, y mantuvo la mente y el corazón abiertos para encontrar las respuestas que tanto anhelaba.

Análisis de la historia de Raquel

El tipo de dinámica en la relación familiar que Raquel experimentó desde su más tierna infancia desarrolló en ella una profunda sensibilidad y vulnerabilidad al rechazo, y una gran rivalidad que ya siendo adulta la llevó a todo tipo de relaciones. Con sus hermanas, que fueron las primeras mujeres de su vida, y muy especialmente con su madre –el primer modelo femenino–, lo que vivió fue una relación de exclusión, frialdad emocional y rivalidad, lo cual hacía muy difícil que pudiera llevarse bien con otras mujeres, con las cuales presentaba una actitud de constante competencia.

En una ocasión le pedí hacer una lista clara, específica y sobre todo muy honesta de los pensamientos que aparecían en su mente cuando estaba o estaría alrededor de otras mujeres en cualquier contexto. Dicha lista estaba compuesta por ideas como éstas:

- Soy la más guapa de todas las mujeres que están aquí.
- Va a estar muy difícil que me superen las mujeres de mi nuevo empleo –refiriéndose siempre a su físico–.
- Seguro soy mucho más guapa que su esposa –pensaba cuando algún hombre casado le atraía y viceversa–.
- No importa lo que me ponga, siempre me veo espectacular.
- Soy mucho más atractiva que mis hermanas.
- A donde quiera que vaya, soy la más o una de las más hermosas.

Todos y cada uno de estos pensamientos Raquel los materializaba en diversas formas: por una parte, a través de su actitud seductora y un tanto exhibicionista, a las demás mujeres les *restregaba* en la cara su belleza, lo cual hacía que ellas la rechazaran e incluso le temieran. A la gente muy bella se le rechaza y se le teme, lo cual tiene que ver con primitivas reminiscencias relacionadas con la necesidad de ganar la competencia en el proceso de conquistar al macho o a la hembra y así asegurar la preservación de la especie. En el caso de Raquel, este temor y rechazo de otras hembras (permítaseme la expresión) iba más allá de lo normal, ya que siendo honestos, ella hacía mucho para provocarlos con su mencionada actitud, pues no sólo quedaba en *lucirles* su belleza a las demás mujeres, sino lucirla también ante sus hombres. Éstas además eran formas de agresión pasiva hacia sus congéneres.

En otro sentido, inconscientemente las demás mujeres eran para Raquel representaciones de sus hermanas y, al competir con las primeras y ganarles, simbólicamente estaba ganándoles a las segundas, sobre todo a aquella hermana con la cual tuvo gran rivalidad. Así, por fin, la niña ignorada, rechazada, desplazada e invisible, era vista... ¡muy vista!

La rivalidad entre hermanas es normal, pero en ocasiones pasa el límite; en estos casos la rivalidad se lleva a todas las demás relaciones con mujeres, las cuales, como expliqué, se convierten en símbolos de las hermanas. Es muy difícil tener amigas íntimas, duraderas y solidarias, cuando en el fondo se les percibe como enemigas potenciales a las que hay que vencer.

EN SUS RELACIONES con los hombres, Raquel se quejaba de que al parecer lo único que querían con ella era divertirse. Realmente, no es que ningún hombre quisiera algo serio con Raquel, sino que era ella misma quien, con su forma de vestirse y de comportarse, les daba este mensaje: "Lo único que soy es cuerpo; no hay nada más en mí que valga la pena". Esto se debía a que Raquel se aferró tanto al recurso de su atractivo físico –que es el que le proporcionó la certeza de ser vista– que creó un concepto respecto a sí misma, como si sus atributos físicos fueran lo más valioso que poseía. Si comprendemos que nuestro autoconcepto define la forma en que los demás nos tratan, resulta fácil comprender por qué Raquel no había encontrado una pareja estable.

En relación con su vida profesional, a Raquel con frecuencia le negaban empleos para los cuales estaba capacitada, lo cual la desconcertaba y molestaba mucho. Le recomendé que solicitara una cita con los gerentes de recursos humanos en dos de las numerosas empresas en las que había sucedido dicha situación, y les pidiera que le explicaran las razones por las que no la habían aceptado, ya que esa retroalimentación le serviría mucho. En uno de los casos, el gerente le dijo que era muy atractiva, pero que su apariencia no se veía profesional y en esa empresa le daban mucha importancia a la imagen. La otra gerente le dijo que la veía como un problema potencial, significando esto que era casi seguro que se generarían conflictos con las mujeres y –aunque sin duda por diferentes razones– también con los hombres de la empresa. Aunque en este hecho puede haber algo de ese temor y rechazo que la gente muy bella puede activar en otros, también hay una gran parte de la ya explicada actitud de Raquel, que para todo mundo era obvia.

Raquel fue poco a poco comprendiendo que no necesitaba mostrar su atractivo físico "en voz alta", sino con la sutileza y elegancia de quien sabe lo que tiene. También trabajamos en un proceso de reconciliación con las mujeres, empezando con su propia feminidad y luego con su madre y sus hermanas, para que pudiera también generalizar esa buena relación hacia otras mujeres de su vida, en lugar de empeñarse en provocarles envidia, temor e inseguridad como siempre lo había hecho.

Las mujeres nos necesitamos mucho unas a otras. Requerimos tener amigas con las cuales podamos hablar de nuestros sentimientos, vivencias, confusiones, alegrías, etcétera. Cuando no lo hablamos, nos deprimimos y frustramos. Si una mujer, como en el caso de Raquel, no se lleva bien con sus congéneres, va incompleta por la vida. Cada vez que Raquel les restregaba en la cara su superioridad física, se alejaba más y más de ellas, agrandando el abismo que en su infancia inició como una pequeña grieta entre ella y sus hermanas, y se convirtió en el doloroso precipicio que, como adulta, la separaba tanto del resto de los humanos.

PERMANECER INVISIBLES

Mientras pasaba lista de asistencia, la maestra Emma preguntó: "¿Quién sabe algo de su compañera Edith? Hace casi dos semanas que no se presenta". Las 30 niñas del grupo de cuarto grado nos miramos unas a otras esperando que alguien tuviera una respuesta, sin embargo, nadie la tuvo. Un par de días después, la maestra nos informó que Edith y su familia se habían mudado inesperadamente a otra ciudad, por una emergencia familiar.

Aun a mi corta edad, me sorprendió darme cuenta de que antes de que la profesora preguntara por Edith nadie habíamos siquiera notado su ausencia.

He presenciado muchas ocasiones en las que se cuestiona si tal persona estuvo o no en un curso o cualquier otro tipo de reunión y nadie tiene una respuesta, porque su ausencia o su presencia pasaron desapercibidas.

Infinidad de veces he observado el comportamiento de las personas invisibles dentro de un grupo y/o actividad social, familiar o del tipo que sea. Se quedan, metafórica y a veces literalmente hablando, *al final de la fila*, fuera del círculo, desintegradas, sin tomar su lugar en el espacio-tiempo en el que se encuentran, porque a todos nos corresponde uno. No se plantan en la vida de cuerpo entero, ni reclaman su derecho a estar y a ser.

Quedarse invisible es una estrategia adaptativa del tipo *ir lejos de las personas*, que con base en la teoría de Karen Horney expliqué en el Preámbulo.

CON FRECUENCIA NOTO a los hijos invisibles en los talleres que imparto. Cuando indico al grupo realizar alguna dinámica, ellos se quedan fuera de su subgrupo, física y energéticamente. Veo cómo sus compañeros, sin mala intención y sin siquiera ser conscientes de ello, los ignoran, no los miran, no se dirigen a ellos al hablar, los pasan por alto cuando es su turno de llevar a cabo la actividad, sea cual fuere la dinámica.

INVISIBLE PARA EL MUNDO

El mundo exterior responde al mensaje que damos respecto a nosotros mismos, el cual se forma a partir de nuestro autoconcepto –lo que se cree respecto de sí mismo–. Es como si fuéramos por la vida portando un letrero que los demás leen bien claro. El de algunas personas dice: "Soy valioso, respétame"; el de otras señala: "Merezco ser maltratado"; el de alguien más expresa: "Soy tonto y aburrido, ignórame"; "no existo", dice el de los seres invisibles. Cada persona que, metafóricamente hablando, pasa a nuestro lado a lo largo de la vida percibirá ese mensaje y responderá a él, por eso los seres invisibles son tratados como tales por los demás.

En la medida que sanamos y, como consecuencia, incrementamos nuestra autoestima, ese letrero creado por nuestro autoconcepto se modificará, mostrando mensajes como: "Soy valioso, respétame", "sé amar y merezco ser amado" y, por ende, comenzaremos a encontrar por la vida personas que son capaces de percibir mensajes como ésos y responder a ellos. Es por eso que las personas sanas se relacionan con gente sana también y las personas enfermas con sus iguales. En pocas palabras, atraemos a quienes vibran en la misma frecuencia que nosotros.

Cuando en cualquier situación de mi quehacer profesional encuentro a esas personas invisibles, excluidas, siempre les digo con amor y respeto: "¡Toma tu lugar en la vida! ¡Plántate con los pies firmes sobre la tierra! ¡No te quedes *al final de la fila*! ¡Reclama y toma el lugar físico y energético al que tienes derecho, poséelo y plántate firmemente en él!"

En una ocasión, durante el receso de un curso que estaba impartiendo, un hombre de unos 40 años se me acercó y me pidió unos minutos para comentarme algo sobre lo cual quería mi consejo. Estábamos bien metidos en la plática, cuando una mujer, de esas personas que nunca faltan, se nos acercó sin más ni más y con voz fuerte y acaparadora comenzó a formularme una pregunta, arrebatándonos abruptamente a mi interlocutor la palabra y a mí el oído que le prestaba.

El hombre hizo silencio de inmediato, agachó la cabeza, se encorvó ligeramente y se dio la media vuelta iniciando la retirada en un intento de darle privacidad a la arrebatadora. Yo soy buena para poner límites a estos irrespetuosos invasores, así que lo hice: le dije a la mujer que estaba ocupada hablando con este hombre y que debía esperar a que terminara. A él lo detuve en su intento de retirada y le insté a que siguiera adelante.

Aproveché la situación –lección de vida en vivo– para hacerlo consciente de su actitud de sumisión, de dejar su lugar, de permitir que le arrebaten lo que le corresponde –en ese momento era mi atención– y lo llevé a reflexionar sobre el hecho de que muy probablemente muchos de sus problemas en la vida, y en específico el que me estaba contando, tenían que ver con esta actitud. Algunos meses después me interceptó después de una conferencia que impartí en la ciudad donde él vive; me dijo que aquello había sido una verdadera revelación para él y que había modificado de forma sustancial dicha actitud, lo cual le había traído como resultado cambios sorprendentes y saludables en diversas áreas de su vida.

"En todo lo que hacemos somos autobiográficos", decía mi maestro Federico Pérez, significando con esto que en cualquier comportamiento, por mínimo que sea, mostramos aspectos muy profundos de lo que somos. Así, en el caso mencionado, este hombre mostró esa actitud que tenía ante la vida en general.

Lo mismo sucedió con Cecilia, de 30 años, quien es la menor de una familia de seis hijos. Su madre viuda murió intestada. Los cinco hermanos de Cecilia se reunieron para ponerse de acuerdo en cuanto a la repartición de la única herencia que dejó su madre: una modesta cuenta bancaria. A Cecilia le informaron que habían decidido repartirse ese dinero entre los cinco, ya que ella era la que menos lo necesitaba porque no tenía hijos y, al fin y al cabo, ni era tanto. Ella aceptó mediante su silencio, pues siempre había sido así: invisible, excluida, como si no fuera parte de esa familia.

Sólo después de una sesión de terapia comprendió que no debía aceptar tal decisión, que ella también era hija de sus padres y, como tal, tenía los mismos derechos que todos los demás y, en esta situación específica, el derecho a recibir su parte de la herencia de su madre, aun cuando fuera una mínima cantidad.

Es claro que esta manera de ser se aprende en la familia. De tanto recibir el mensaje de "no eres importante, no mereces, estás en segundo –o cuarto o décimo– lugar", la persona termina creyéndolo y aprende a no reclamar los derechos que sólo por ser parte de esa familia le corresponden. Luego, por un proceso de generalización, lleva este patrón a otras áreas de su vida. Vale aclarar que estos mensajes rara vez se dicen con palabras; por lo general, van implícitos en diversas situaciones familiares, en las cuales se deja al hijo en último plano y de mil maneras se le ignora.

Recordemos que el lenguaje verbal –lo que decimos con palabras– ocupa sólo alrededor de 15% de la comunicación, de tal manera que lo que hacemos es mucho más poderoso que lo que decimos. Con esto dejamos claro que son los actos de exclusión e indiferencia hacia el hijo los que le dejan el mensaje de que no cuenta, no es importante, no merece, no existe.

Los padres son los que en primera instancia establecen la posición de invisibilidad para el hijo y el resto de familiares –hermanos y demás parientes– y son quienes lo continúan. Así pues, el hijo primero es invisible para sus padres, después para el resto de la familia, luego para sí mismo y al final para el mundo.

Con gran frecuencia, los que se quedan invisibles poseen muchos talentos, pero no los expresan porque tienen miedo a fracasar o a ser rechazados. El siguiente es uno de estos casos:

La historia de Andrés

Él era un talentoso y atractivo hombre de 39 años, que atravesaba por una fuerte crisis existencial provocada por estar a punto de cumplir 40 sin haber alcanzado todavía ni el mínimo de los sueños y expectativas que tenía para cuando llegara a esta edad. Si bien es natural que en alguna medida casi toda persona experimente una crisis al llegar a dicha etapa de la vida, Andrés parecía estar pasando el límite de lo normal.

Se sentía sumamente inseguro de sí mismo y de todas sus capacidades: desde la requerida para generar dinero hasta la necesaria para formar una familia. Aun cuando había tenido varias relaciones, ninguna le había resultado suficientemente satisfactoria como para comprometerse. Tenía la secreta convicción de que no podría enfrentar las responsabilidades que el hecho de formar una familia le demandarían.

Andrés es el único hijo de un padre y una madre igualmente famosos y exitosos, situación que provocó que desde que nació fuera criado por nanas muy preparadas y profesionales, pero nanas al fin. Las ascendentes y exitosas carreras de sus padres les demandaban tanto tiempo y energía, que apenas les quedaba un poco de ambos para dárselo a su hijo.

Andrés recuerda que el poco tiempo que sus padres pasaban con él lo dedicaban a inspeccionar sus notas escolares y a escuchar los reportes de las nanas sobre su buen o mal comportamiento. Acto seguido cumplían con el esperado regaño por lo que hubiera que llamarle la atención y luego se retiraban de la habitación y seguían con sus propios asuntos. Recuerda que un día, después del mencionado ritual, escuchó a su nana susurrar a otra de las empleadas domésticas algo así como: "Ya con esto creen que cumplen con su función de padres". En ese momento sintió que una pieza del rompecabezas de su vida se acomodó en su lugar; fue como si por fin hubiera puesto en palabras la sensación que siempre tenía en el corazón y que por su corta edad no podía concretizar.

La nana que duró muchos años a su cargo se pasaba la tarde viendo telenovelas mientras medio supervisaba "de reojo" al niño. Además era una empedernida fumadora a la que Andrés le debe múltiples problemas respiratorios que a la fecha le aquejan. Recuerda que el aire, los muebles y las cortinas del estudio donde hacía sus tareas escolares estaban impregnados del molesto olor a tabaco que, además, le provocaba dolor de cabeza. A veces se preguntaba si sus padres no se daban cuenta o si aprobaban tal situación, o si simplemente no les importaba. Una vez se quejó de esto con ellos, y nunca más lo volvió a hacer, porque al no haber tomado ninguna medida supuso que estaban de acuerdo. Poco a poco aprendió que tenía que ser un niño calladito y obediente, un niño que no diera molestias.

A la par que la fama y fortuna de sus padres crecía, su soledad también se incrementaba. La exigencia de ellos respecto a los asuntos escolares de su hijo aumentaba y ésta se volvió para Andrés una fuente de preocupación y estrés constantes. Percibía a sus padres como extraños profesores o tutores con quienes, más allá del temor que le inspiraban, no tenía ningún otro lazo emocional.

Pasó su infancia y luego su adolescencia, y llegó el momento de decidirse por una carrera. Sentía un enorme pánico de elegir y equivocarse, porque sabía que eso no agradaría a sus padres. Estaba tan confundido que decidió estudiar lo que ellos sugerían, con el fin de, por un lado, darles gusto y, por el otro, evitarse la responsabilidad que implica tomar una decisión.

Ése fue sólo el inicio de un desfile de carreras truncadas en el segundo o tercer semestre, en la vida de un joven confundido, asustado, opaco e invisible, que llegó a los 39 años sin haber terminado una sola carrera, sin un empleo "decente" que le diera la posibilidad de sostenerse a sí mismo de manera digna, y sin una pareja con quién formar una familia. ¿Talento, atractivo, inteligencia y carisma? ¡Sí que los tenía! ¿Qué faltaba entonces?

Análisis de la historia de Andrés

Es común que cuando un hijo tiene padres muy famosos y/o muy exitosos se sienta inseguro respecto a sí mismo y a su propio desempeño profesional y laboral. Esto se debe en parte a que sus progenitores y la sociedad esperan demasiado de él, lo cual lo asusta y paraliza, y también a que percibe a sus padres como figuras inalcanzables e insuperables. Los padres de este tipo deben ser muy inteligentes y sensibles para educar a sus hijos sin gestar en ellos esa sensación de fracaso anticipado que es tan común en casos similares. Esto significa reconocerles sus logros, establecer estrechos lazos emocionales, expresarles que están orgullosos de ellos, y apoyarlos para que primero identifiquen y luego desarrollen sus talentos.

En el caso de Andrés no fue así. La indiferencia y abandono de sus padres fue extrema y lo acompañó a lo largo de toda su infancia y adolescencia, las cuales estaban reforzadas por la nana quien debido a su intenso gusto por las telenovelas simplemente lo ignoraba. Al no ser visto por los padres, difícilmente se aprende a verse a sí mismo, y sin esto, es imposible descubrir cuál es el propósito de la propia vida –la vocación o misión–, lo cual cumplimos a través de poner en práctica nuestros talentos para alcanzar nuestros sueños en todas las áreas. Cuando no lo hacemos, el ser interno está incompleto, le falta algo a la existencia, y se experimenta un doloroso reclamo interior. Estas sensaciones se incrementan al llegar a la edad de Andrés y en adelante.

Él estaba muy resentido con sus padres por su abandono y también porque pensaba que sus múltiples trastornos respiratorios provocados por vivir cada día y tantos años como fumador pasivo pudieron haberse evitado si a ellos les hubiera importado hacer algo al respecto. Después de un proceso de trabajo terapéutico con tales resentimientos, continuamos por el camino de rescatarse a sí mismo, y lograr *verse a sí mismo*, de lo cual hablaré en el capítulo 8.

El resultado de su comprometido y profundo proceso terapéutico fue que se volvió capaz de establecer un negocio que inició como un restaurante italiano, que luego se convirtió en tres restaurantes igualmente exitosos y prósperos. En diciembre de 2010 asistió a la presentación de mi libro *90 respuestas a 90 preguntas* que se llevó a cabo en la Feria Internacional del Libro de Guadalajara. ¡Me dio tanto gusto verlo! Y el gusto fue mutuo. Está convertido en casi un cincuentón al que le han sentado de maravilla los años. Me he dado cuenta de que cuando los hombres están satisfechos con sus logros y con su vida en general maduran y luego envejecen hermosamente. Éste es el caso de Andrés, quien tiene una bella familia de dos hijos y una inteligente y guapa esposa. Me dijo que tengo comida italiana gratis cada vez que quiera por el resto de mi vida, a lo que le respondí bromeando que ya no me preocuparía por el futuro, porque es seguro que de hambre no me voy a morir.

CADA VEZ QUE ENCUENTRO a alguno de mis pacientes de años anteriores, y veo como el proceso terapéutico fue el inicio de cambios creativos y saludables en su vida, se fortalece más mi convicción de que por eso me dedico a esto, y de cuánto vale la pena. La terapia funciona y de eso no hay duda. Lo he comprobado en mi propia vida y en infinidad de pacientes. Si Andrés no se hubiera involucrado en un proceso terapéutico, sin duda alguna se hubiera quedado como un ser fracasado, insatisfecho e invisible tanto para sí mismo como para el mundo. Y vuelve mi eterna pregunta: ¿por qué será que nos encanta pasar la vida sufriendo y haciendo sufrir a nuestros seres queridos que tienen que soportar nuestras neurosis?

INVISIBLE PARA SÍ MISMO

Existe otra faceta de este *quedarse invisible* y es, tristemente, el ser invisible para sí mismo. Cuando somos bebés y niños pequeños nos volvemos conscientes de nuestra existencia a través de la atención que nos dan los adultos que nos crían y, muy especialmente, nuestros padres. Es a través de su atención que nos reconocemos a nosotros mismos, pues ésta funge como el punto de referencia externo que toda criatura necesita para sentirse viva y presente.

En la medida en que crecemos vamos internalizando esa referencia, de manera que llegamos a un punto en el que ya no necesitamos que alguien de afuera nos la dé, sino que ésta proviene de nuestro propio ser interno. Esto sucede de manera espontánea y automática cuando la persona ha tenido un desarrollo psicológico adecuado. Pero no siempre ocurre así. En tal caso, la invisibilidad creada desde la más tierna infancia se generalizará posteriormente a todos los aspectos de su vida. Si ha sido invisible para los demás, se quedará invisible para sí mismo.

Ser invisible para sí mismo se traduce en una gran dificultad para ser consciente de sus propias necesidades, deseos, derechos y sentimientos. La persona no escucha las señales de su cuerpo cuando le dice que está agotado y necesita descanso, que ya no puede tolerar tanta grasa y alimentos insanos, o que necesita de forma imperiosa moverse y hacer ejercicio. Es frecuente que estas personas caigan gravemente enfermas, porque al no atender las súplicas de su cuerpo, cuando son un susurro, éste tiene que llamarles a gritos para que le presten atención. No escuchan los llamados suavecitos ni ven las señales pequeñas porque son invisibles para sí mismos.

A continuación muestro un típico comportamiento de alguien que es invisible para sí mismo:

Una mamá está repartiendo entre sus tres hijos y su esposo la cuarta parte de un exquisito pastel que su hermana le regaló. Ella corta sólo cuatro rebanadas —para su marido y cada hijo— y las reparte. Cuando se le cuestiona por qué no lo cortó en cinco partes —una para ella—, responde que "es que a todos les encanta". "¿Y a ti no?", se le pregunta. "¡Hum, me fascina!, pero como no es mucho, preferí dejarle mi parte a ellos".

Con este comportamiento ella se está diciendo a sí misma: "Tú no cuentas, tú no mereces, tú no estás presente, tú no existes". El simple hecho de dividirlo en sólo cuatro partes, cuando están presentes cinco personas, establece que la quinta no existe; que sólo hay cuatro en la habitación. ¡Y eso se lo hizo a ella misma! Lo sano sería que aun cuando las rebanadas quedaran más delgadas, lo hubiera partido en cinco partes, porque ella también tenía derecho de disfrutar de su porción de pastel.

Si vemos este hecho aislado, podría parecer como un acto de amor renunciar a su parte para darla a sus seres queridos a quienes tanto les gusta. Sin embargo, cuando este tipo de comportamiento se repite constantemente convirtiéndose en un patrón ya no se trata de un acto de amor, sino uno de desamor a sí mismo, en el que es la persona misma quien se autoexcluye e ignora. Éste era justamente el caso de la madre de nuestro ejemplo, cuya vida cotidiana estaba plagada de este tipo de actos de exclusión a sí misma.

Es muy importante entender que cuando las madres nos manejamos así respecto a nosotras mismas, le damos a nuestras hijas este mensaje: "Así deben tratarse a sí mismas ustedes también. Las mujeres no merecemos; no vale la pena invertir en nosotras tiempo, dinero ni nada". Y nuestros hijos varones también aprenden que así se debe tratar a las mujeres.

¿Es eso lo que deseas para tus hijos?

5

Los invisibles
que parecen vistos

Existe una circunstancia importantísima de la cual no podemos dejar de hablar al analizar el contexto de los hijos invisibles. Se trata de algunos casos en los que, aparentemente, un hijo es muy visto. Puede incluso ser el consentido o favorito de uno de los padres, o de ambos; tienen hacia él marcadas y notorias preferencias y le prestan mucha atención. Sin embargo, este hijo presenta todas las características de un ser invisible porque en efecto lo es. Parece que es muy visto, pero en realidad no es así. No se puede engañar al inconsciente y es en ese nivel donde el hijo sabe la verdad.

Te contaré el siguiente caso para dejar bien claro este punto.

ELISA HA SIDO SIEMPRE la hija consentida de su papá. El favoritismo de éste en relación con sus otros hijos es innegable y constantemente lo ha mostrado dándole a su hija toda clase de privilegios, concesiones, muestras de afecto y regalos que a ningún otro hijo le otorga. Esta actitud del padre ha matizado su relación con Elisa desde el momento en que nació, hasta el presente, en su edad adulta.

A pesar de todo este favoritismo, Elisa se siente desintegrada, aislada, invisible, y justo así es como lo expresa. Requiere que su pareja constantemente le reafirme lo mucho que la quiere y lo bella y especial que es. Depende a tal grado de esa retroalimentación que el día que no la tiene se deprime y molesta. De su jefe demanda el mismo tipo de atención y reforzamiento, y de sus compañeros de trabajo también.

Los errores que llega a cometer en cualquier contexto de su vida se vuelven una tortura que le quita el sueño por varios días y la hace sentir que no vale nada. Su necesidad de atención y de ser vista es enorme. Su hermana me contó que cuando van en el auto y ella va manejando, y por tanto no la puede voltear a ver, Elisa se le acerca mucho mientras le platica cualquier cosa, jalándole constantemente el brazo, como para asegurarse de que la escucha. "A ratos casi mete la cara entre el parabrisas y yo para que la vea, porque siente que si no lo hago, no la estoy escuchando", me dice su hermana mientras ríe, porque al parecer ha aprendido a tomarlo por el lado amable.

La razón de estos comportamientos, y otros más que Elisa presenta y que son típicos de los hijos invisibles, es que ella durante toda su vida ha percibido a nivel inconsciente, visceral, que cuando su padre Luis la ve no es ella a quien ve; cuando la consiente con regalos y atenciones no es a ella a quien se los da... ¿A quién entonces?

Resulta que hace años, tres antes de que Elisa naciera, el padre se enamoró locamente de una hermosa y joven mujer que correspondió a sus cortejos y con la que tuvo un corto pero tórrido romance. Estaba loco por ella y deseaba más que nada en el mundo dejar todo –su familia incluida– e irse lejos con quien estaba convencido era el amor de su vida.

El padre de la chica descubrió el inadmisible romance, tomó a su joven hija y se la llevó lejos, mudándose de la noche a la mañana a Dios sabe qué lugar, con el fin de alejarla de ese hombre que le doblaba la edad y que además era casado. Ahí terminó el romance y Luis se sumió en una profunda tristeza. Al cabo de tres años nació su hija a la que bautizó como Elisa. ¡Ése era el nombre de aquella joven!

Así pues, cada que miraba a su hija, le regalaba algo o le prodigaba atenciones y cuidados, a quien veía no era a ella, sino a aquel amor perdido que llevaba el mismo nombre. Era como si su hija representara de alguna manera una especie de sustituto, un símbolo de aquella Elisa en cuyo honor fue nombrada.

Es por esta razón que la hija nunca se ha sentido *vista*, porque en realidad no lo ha sido. El amor, los cuidados y la atención que vienen de algo así no llenan el corazón ni satisfacen las necesidades de amor y atención de un hijo.

Con cada una de sus demandantes conductas, Elisa ha emitido una intensa petición que al traducirla a palabras dice: "Por favor, véanme ¡a mí!"

Si quisiéramos representar esta situación con una imagen, sería la de Elisa siendo transparente y su padre viendo al pasado a través de ella. Viéndola, sin verla en realidad.

En innumerables ocasiones suceden en las familias cosas como ésas. Los padres ven en sus hijos a alguien más y con mucha frecuencia hasta les ponen el nombre de ese alguien. Por eso es tan importante el nombre que elegimos para nuestros hijos, pero sobre todo, las razones por las que lo hacemos.

A veces, ese nombre corresponde a un ser querido que ya falleció; el llamar igual a un nuevo miembro de la familia se hace en el nivel consciente con la amorosa intención de honrar al ser querido que perdieron, pero en muchos otros casos en el fondo hay un deseo inconsciente de *revivirlo*, dándole vida a través del hijo que lleva su nombre, sin darse cuenta de la trascendencia que el hecho puede llegar a tener.

La situación empeora cuando constantemente se le dice al hijo: "Eres igualito a…"; "como me recuerdas a…"; "te veo, y veo a…" y cosas por el estilo. A veces esto no se dice con palabras, pero ésa es la sensación que los padres tienen con respecto a dicho hijo. Esta circunstancia es fuertemente propiciadora de que este vástago se sienta invisible, ya que cada que se le ve, no es a él sino a otra persona a quien se mira.

EN UNA FAMILIA se presentaba una situación como ésta. Unos años atrás habían perdido a su único hijo, que a la edad de seis falleció en un desventurado accidente automovilístico, en el que sus abuelos, con quienes iba acompañado, sobrevivieron.

Unos días después del funeral, los padres decidieron que la forma como podrían sobreponerse a su terrible dolor y seguir adelante con la vida era volviendo a sus actividades como si nada hubiera pasado. Así, el necesario proceso de duelo ante su pérdida fue abruptamente interrumpido.

Cuando esto sucede, cuando no se dan el tiempo y espacio de llorar, de expresar y de fluir con todos los estados emocionales naturales de una experiencia como ésta vienen inevitables consecuencias.

En esta familia las consecuencias se presentaron así: unos tres años después de su pérdida tuvieron otro bebé, un varón a quien pusieron el mismo nombre que llevaba su hijo fallecido. Los padres, más allá de su conciencia y por lo tanto de su voluntad, sentían y veían al nuevo niño como una réplica del hijo perdido, lo cual era fuertemente reforzado por el desafortunado hecho de que ambos se parecían mucho. Tanto a su familia como a los amigos, los padres les mostraban con frecuencia fotos de su hijo fallecido cuando era bebé, cuando tenía dos años, cuando fue a la escuela por primera vez, etc., para compartirles su asombro por el gran parecido con el nuevo niño.

La vida cotidiana de esos padres estaba plagada de confusiones y recuerdos mezclados entre ambos hijos. La madre me confesó que con frecuencia cuando llamaba por su nombre al hijo vivo en realidad sentía que era al hijo muerto a quien se dirigía. "Menos mal que se llaman igual", afirmó como si eso fuera un alivio para ella.

Cuando el hijo cumplió cinco años, la madre comenzó a desarrollar una extrema preocupación de que al cumplir seis falleciera como su hermano homónimo, y empezó a sobreprotegerlo con sus asfixiantes cuidados de forma patológica. Así duró un par de años y luego, cuando el hijo cumplió siete, su extrema preocupación cesó casi de la noche a la mañana.

Cuando esta familia acudió a terapia, el hijo tenía ya 14 años. Era un jovencito retraído y ermitaño que no tenía amigos y se pasaba las tardes metido en su habitación haciendo la tarea. Además, se rehusaba a involucrarse en cualquier actividad extraescolar como un deporte o alguna clase de arte.

Uno de los rasgos que caracteriza a los seres invisibles es la sensación de estar desintegrados del resto de las personas, como si no fueran parte de ninguno de los grupos a los cuales pertenecen. Y esta sensación era intensa para esta jovencito.

Además, casi siempre estaba triste y melancólico, consecuencia sin duda alguna de dos factores: por una parte, su sensación de ser invisible, de ser la sombra de su hermano en lugar de ser un individuo independiente y, por la otra, el haberse echado a cuestas el dolor no sanado de sus padres. De forma inconsciente y por amor, los hijos hacen estas cosas. Si el padre o madre no sana sus asuntos de la vida, el hijo los llevará en lugar de él/ella, como una forma de ayudarle con la pesada carga.

La familia acudió a terapia en muy buen momento, porque los padres ya estaban empezando un *lavado de cerebro* para tratar de convencerlo de que estudiara ingeniería, porque su niño fallecido siempre decía que cuando creciera iba a construir casas y edificios. "Sería hermoso que tú realizaras los sueños que tu hermano no tuvo oportunidad de realizar", le decía la madre. ¿Hermoso? La palabra correcta es: *patológico*.

La capacidad de amar de estos padres era enorme y fue una herramienta importantísima para acompañarlos por el proceso de comprender la gran importancia de dejar ir a su hijo muerto y comenzar a ver al vivo como un individuo independiente. De esta forma, podrían liberarlo del decreto que sin darse cuenta le habían impuesto al convertirlo en un remplazo de su hermano, como si al hijo vivo le correspondiera la responsabilidad de vivir la vida que su hermano no pudo vivir, además de cargar con su destino.

Con ellos también trabajamos en apoyar al hijo a darse permiso de ser *él mismo*, a devolverles a su hermano y a sus padres lo que había estado cargando por ellos, porque al devolverle a cada uno lo suyo, los honraba.

En innumerables ocasiones, las personas no se permiten *dejar ir* a un ser querido que ha muerto, porque sienten que al hacerlo lo sacan de su corazón, como si seguir adelante con su vida significara dejar de amarlo. No es así en absoluto. Una persona fallecida siempre tendrá su lugar en la familia y el amor de quienes llevan su sangre, pero los vivos deben seguir adelante y, de esta forma, respetan y honran el destino de quien ya se fue y el suyo propio que les dicta seguir vivos.

Si tu hijo ya lleva un nombre que te conecta con alguien más, vivo o muerto, te recomiendo estar muy consciente de esto. La conciencia, el darnos cuenta, es el primer paso del camino que nos lleva a liberarnos de situaciones como las que he mencionado y que, a fin de cuentas, a nadie hacen feliz.

6

La invisibilidad de uno y su influencia en el resto de la familia

Hace alrededor de dos años asistí a un maravilloso taller de "Constelaciones familiares"[1] a cargo de la doctora Ingala Robl. Ella es una eminencia en esta corriente terapéutica, y en los diversos campos que componen su vasta preparación académica y profesional.

Cuando asistí a dicho taller me encontraba en el proceso de elegir cuál sería el tema de mi siguiente libro. Te confieso que ¡hay tantos en mi cabeza sobre los que quiero escribir!; aunque al parecer mi mente va mucho más de prisa y adelante de lo que yo puedo ir materializando; ahí están, esperando su turno para que uno a uno y a su ritmo los vuelva una realidad.

El hecho es, pues, que yo pedí –como siempre lo hago– alguna señal de la vida –Dios, el Universo, o como tú le llames– para saber cuál debería ser mi octavo libro; éste es el octavo. El tema *Los hijos invisibles* era sólo uno de los varios que componen la lista sobre los que tengo enorme interés por escribir.

---

[1] *Constelaciones familiares* es una corriente terapéutica desarrollada por el pedagogo, filósofo, teólogo y psicoanalista Bert Hellinger, basada en diversos enfoques de terapia humanista. Proporcionan un diagnóstico de las dinámicas inconscientes dentro de una familia y herramientas para la resolución de las problemáticas generadas por éstas.

Durante el receso del taller alguien me presentó a la doctora Ingala. Aunque indirectamente sabíamos la una de la otra, nunca nos habíamos visto antes. Dejo bien claro el siguiente punto, para darle sentido a lo que mencionaré en el párrafo que sigue: la interacción que tuvimos duró sólo un par de minutos y de lo *único* que hablamos fue de que ella estaba escribiendo un libro y se lo publicaría la misma casa editorial que edita los míos: Grijalbo.[2]

De inmediato, después de hacerme ese comentario, indicó al grupo que regresáramos al salón para continuar con el taller. Listos todos los asistentes para reiniciar, la doctora Ingala, sin más ni más, dijo: "Les voy a hablar sobre los excluidos en la familia, y esto le va a servir mucho a Martha para su próximo libro". Me quedé realmente impactada, porque yo ni siquiera le había mencionado que este tema era uno sobre los que me interesaba escribir. De hecho, no le había mencionado nada de nada. Sobra decir que me quedó clarísimo que ésa era la señal que estaba esperando para saber cuál debería ser mi siguiente libro: *Los hijos invisibles*, por supuesto.

Yo, obediente a la orden que la vida me dio a través de la doctora Ingala, tomé nota de todas y cada una de las ideas y palabras que expresó.

Lo que escribiré en este apartado no sólo se debe a que es un aspecto importantísimo al que debemos penetrar al tratar el tema que nos ha ocupado a lo largo de este libro, sino porque también deseo que sea una muestra de gratitud a Ingala Robl, por ser para mí una mensajera de la vida, y también como una manera de honrar su sabiduría.

LA FAMILIA ES UN SISTEMA Y, como tal, obedece a las mismas leyes que regulan cualquier tipo de sistema. Por ejemplo, una

---

[2] Dicho libro ya está publicado, se llama *Constelaciones familiares para la prosperidad y la abundancia,* de Ingala Robl. Hermosísimo, transformador y profundo. Lo recomiendo ampliamente.

situación producida en cualquiera de los miembros que lo componen es consecuencia de alguna dinámica entre todos los demás miembros y, asimismo, tendrá influencia sobre cada uno.

De la misma forma, cualquier tipo de sistema, y en este caso la familia, requiere de un nivel de equilibro u *homeostasis* para mantenerse. Equilibro no necesariamente implica salud y funcionalidad. Una familia puede estar en equilibrio en cuanto a que ha aprendido a vivir con sus problemas y patologías. Cuando por cualquier razón la homeostasis de la familia se ve amenazada, se generará un mecanismo homeostático con la finalidad de mantener el equilibrio.

De acuerdo con Berth Hellinger, la conciencia familiar –inconsciente colectivo familiar en palabras de Carl Jung o, en palabras más poéticas, *el alma del grupo familiar*– actúa como supervisora del equilibrio en el sistema. Además, mantiene vinculados a sus miembros y le da a cada uno su lugar dentro de la familia, ya que sólo por ser parte de ella le corresponde.

El hecho de que un miembro de la familia haya sido –en el pasado o en el presente– olvidado, excluido, invisible o tratado injustamente, provocará un desequilibrio que será compensado con un mecanismo homeostático que consiste en que un miembro de una generación posterior tomará el lugar de aquél, repitiendo su vida y su destino. Esto es, por supuesto, un proceso inconsciente y sucede con la finalidad de restablecer el orden y el equilibrio en el sistema, dándole a cada miembro el lugar que le pertenece.

Existen infinidad de razones por las que un miembro de una familia puede ser olvidado o excluido, pero lo importante es comprender que este hecho tendrá una profunda repercusión en la vida de todos.

> La persona excluida, alejada, desplazada, difamada, desheredada, injustamente tratada, reemplazada u olvidada se manifiesta a través de un síntoma en la familia. Alguno de sus miembros que

llegó después entra en una lealtad invisible, oculta o inconsciente con esa persona y repetirá su destino aunque nunca la haya conocido, aun cuando no haya sabido de su existencia.[3]

Asimismo, cuando una persona ocupa el lugar que le corresponde dentro de su sistema familiar se siente segura, serena y con la fuerza necesaria para realizar la tarea de vida que le toca. Por el contrario, si una persona no es vista en la familia y por lo tanto no tiene un lugar, se pasará la vida buscando ser vista y muy probablemente desarrollará fantasías de grandeza como una compensación a su sensación de ser invisible.

Cuando se sana esta situación, viendo a los invisibles, incluyendo a los excluidos y tratando con justicia a los que se ha tratado injustamente, se salda y cierra este asunto y de esta manera también se libera a las generaciones posteriores para que no sigan arrastrando estos patrones insanos que sólo crean dolor y conflictos, que complican el progreso y alejan la paz de cada uno de sus miembros.

Y, ¿cómo se sana una situación como ésta? ¿A qué nos referimos al decir "ver a los no vistos, a los olvidados, a los excluidos"?

La corriente terapéutica de las constelaciones familiares propone una interesante, profunda y fascinante línea de trabajo sobre este aspecto, por lo que recomiendo a todo aquél interesado involucrarse en un grupo terapéutico de constelaciones familiares.

Hay, asimismo, una infinidad de actos que podremos llevar a cabo para este fin. Desde rescatar y exhibir alguna foto de los invisibles, hablar sobre ellos con otros miembros de la familia, escribirles una carta o decirles mentalmente y con todo el corazón una especie de fórmula verbal, cuyo contenido variará de acuerdo a las circunstancias particulares de cada caso, pero que en el fondo encierra estas ideas: "Tú eres parte de esta fami-

---

[3] Ingala Robl, *Constelaciones familiares para la prosperidad y la abundancia*, México, Grijalbo, p. 71, 2010.

lia, te veo, honro tu lugar dentro de esta familia, te devuelvo el lugar que te corresponde; por amor he cargado tu destino, pero ahora te lo devuelvo y al devolvértelo te honro", etcétera.

Cabe aclarar que todo cuanto sucede dentro de las familias es dirigido por el amor, que es la fuerza que mueve a algunos de sus miembros a tomar roles, cargar destinos de otros o generar síntomas, con el fin de proteger al resto de la familia y mantener la mencionada homeostasis. Comprometerse en un proceso –por el camino que sea– para sanarse a sí mismo es un valiente acto de amor que beneficia a todos: los antecesores y los descendientes.

No hay paso que dé o acción que lleve a cabo un miembro de una familia que no repercuta en el resto, para bien o para mal. Y lo mismo es aplicable en toda empresa, grupo y sociedad.

7

¿Qué significa *ver* a tus hijos?

Después de haber hablado de los comportamientos y actitudes que nos vuelven invisibles, resulta sencillo comprender los que nos llevan a sentir que existimos, que estamos presentes, que somos vistos. Hay, sin embargo, recomendaciones muy específicas que te quiero hacer, para que puedas brindarle a tus hijos –de cualquier edad– uno de los más grandes regalos de amor: *ser vistos*.

VER A NUESTROS HIJOS

Decir que los niños necesitan ser vistos no es una metáfora. A los bebés y a los niños hay que, literalmente, verlos a los ojos y en especial mirarlos cuando nos hablan. Basta que observes a cualquier niño que está diciendo algo a su mamá, papá o a cualquier otra persona emocionalmente significativa para él. Aun cuando se le esté respondiendo o dando otras señales de que se le escucha, la criatura le tira el brazo con fuerza a su interlocutor/a, le toca la pierna, le jala la ropa, hasta que logra que lo mire de forma directa, y es hasta entonces que se siente escuchado.

Un sinnúmero de estudiosos de la psicología infantil recomiendan que cada vez que las circunstancias lo permitan, pero sobre todo cuando tenemos algo importante que decir, nos pongamos en cuclillas al hablarle a un niño para quedar a su altura; además, mientras le hablamos, hay que mirarlo cara a cara. Dirigirnos a una criatura en esta posición lo hace sentir muy tomado en cuenta y la comunicación con él alcanzará niveles mucho más profundos que el de las simples palabras.

Es muy normal y humano que los padres dejemos necesidades insatisfechas en alguna etapa de la vida de nuestros hijos. Nuestros problemas, limitaciones o necesidades infantiles insatisfechas nos llevan a ser incapaces de satisfacer todas las de nuestros hijos. Esto inevitablemente dejará esos huecos que en alguna medida, casi todas –por no sonar absolutista y decir "todas"–, las personas llevamos por la vida. Eso es normal y humano y no está mal en sí mismo; ya nuestros hijos lograrán ir sanando esas heridas emocionales. Pero el problema surge cuando las necesidades emocionales de los niños no han sido satisfechas ni siquiera en una mínima medida.

No obstante, como lo hablé con anterioridad, es posible compensar estas carencias emocionales en otras etapas de la vida, por ejemplo, cuando tenemos la bendición de ser amados por alguien o involucrándonos en un proceso de curación interior a través de nuestro camino preferido: psicoterapia, meditación, oración o cualquiera de las múltiples alternativas que existen.

Cuando somos niños, sin embargo, son nuestros padres quienes nos pueden hacer el gran favor de ayudarnos a satisfacer, aunque sea en cierta medida, las necesidades emocionales que por cualquier circunstancia se quedaron desatendidas en etapas anteriores. Sobra decir que esto sanará enormemente nuestra vida emocional y nos permitirá convertirnos en adultos sanos y felices. A continuación una historia que clarificará este punto.

POCO DESPUÉS DE QUE su primera hija nació, sucedieron varios eventos que le hicieron sentir a Mayra que el mundo se le venía encima. Su madre falleció y su esposo fue diagnosticado con cáncer de próstata; todo en un periodo de seis meses.

Abrumada y triste, y con la familia de ambos viviendo en una ciudad lejana, Mayra tuvo que dejar a su pequeña hija al cuidado de alguien más, para hacerse cargo de atender a su esposo, llevarlo a las frecuentes citas médicas para su tratamiento y atender el negocio familiar, mientras su marido se recuperaba. Ella comenta con tristeza que no tiene casi ningún recuerdo del primer año y medio de vida de su hija, porque el tiempo que pasó con ella fue muy poco.

Alrededor de un año y medio después, el esposo de Mayra libró la batalla contra el cáncer y, después de unos meses más para recuperar energías, volvió a hacerse cargo del negocio, lo que permitió a Mayra retomar el cuidado de su hija, ahora de casi tres años. Sin embargo, como es de esperar, las secuelas de la ausencia de la madre dejaron huella en el desarrollo emocional de la niña, quien se volvió sumamente demandante de atención y desarrolló una exacerbada *angustia de separación* que le impedía tener una vida social normal y sana, ya que cada vez que su mamá se le perdía de vista, lloraba y se angustiaba intensamente.

Además, en ciertos momentos, como cuando veían televisión, la niña literalmente se le colgaba del cuello y se quedaba aferrada a ella por un tiempo que a Mayra le parecía una eternidad. De la misma forma, cada que podía la abrazaba con fuerza y le pedía que se acercara para darle besos.

Estos comportamientos de la niña abrumaban a Mayra, pero sobre todo le preocupaban, haciéndole dudar si debía permitirlos o no, razones por las cuales a unos instantes de que la niña comenzaba, Mayra la alejaba y le decía algo como: "¡Ay, ya!" Es entendible que esta especie de posesividad de la hija agobiara a Mayra, pero también es cierto que eran intentos de la criatura por *beberse, comerse* la presencia materna que le faltó en casi sus primeros tres años de vida. Y mientras más la rechazaba la madre, más se apegaba la hija a ella.

Cuando los niños experimentan esta extrema angustia de separación, que es el producto de no haber podido establecer lazos emocionales con la madre y por tanto la confianza básica,[1] se *pegan* a su madre impulsados por un sentimiento de inseguridad que si le ponemos palabras diría: "Si te suelto, me abandonas". Está comprobado que cuando se da una separación temprana de la madre, en el cerebro del bebé se incrementan los niveles de la hormona corticotropina, la sustancia bioquímica del miedo.

La angustia de separación puede acompañar a la persona por el resto de su vida, a menos que lo sane. Ésta se manifiesta de maneras muy características, por ejemplo, sufriendo demasiado por las despedidas, experimentando repetidamente sensaciones de soledad y desprotección y, con frecuencia, temor a perder el autobús o el avión. Cuando lleva a cabo actividades en grupo, a la persona le acompaña una sensación que si le ponemos palabras diría: "No me les vaya a olvidar".

Pues bien, volviendo al caso de Mayra, la recomendación que le hice fue que le permitiera a la niña tener libremente sus *sesiones* de abrazos y besos, sin rechazarla en lo absoluto ni hacer al mismo tiempo otras cosas, sino totalmente *entregada* al momento; sería la niña quien decidiría cuándo parar. Y si a Mayra le fuera realmente imposible atenderla en el instante en el que la niña requería su *sesión*, le diría que en ese momento no podía, y que la esperara hasta..., cumpliéndole como un compromiso sagrado, porque lo es.

Esto tenía la finalidad de permitir a la niña *llenarse de mamá*, tomarla, satisfaciendo así las necesidades que su ausencia dejó insatisfechas.

Cuando Mayra comprendió las razones que llevaban a su hija a *pegarse como lapa*, como ella decía, así como lo que su comportamiento *rechazante* provocaba y el objetivo que perseguíamos con el nuevo proceder que le sugerí, le fue muy fácil

[1] *Confianza básica* es un sentimiento de seguridad que adquiere el bebé a través de su vínculo con la madre.

e incluso agradable llevarlo a cabo. Me dijo que disfrutaba esos momentos en que ella y su hija tenían un contacto tan cercano, y los lazos emocionales entre ellas se estrecharon cada vez más, al punto de que en un momento dado la niña, por propia iniciativa, fue acortando cada vez más el tiempo que duraban sus *sesiones de apapacho*, como le llamaban, y eventualmente pareció perder interés en ellas. Dichas sesiones, según me contó Mayra, duraban como tres minutos en los que la niña le rodeaba el cuello y le daba, uno tras otro, sonoros besos en la mejilla.

No es ninguna sorpresa que haya llegado el momento en que la criatura dejó de necesitarlo, pues cuando analizamos todo el contexto de la situación es posible comprenderlo. Un niño cuyas necesidades emocionales fueron satisfechas por la amorosa presencia de los padres en sus primeros años de vida no se angustia de esa forma cuando éstos no están a su lado, porque sabe que aunque físicamente no estén cerca, ahí están y vendrán por él.

Asimismo, sus necesidades de atención y muestras de afecto –aunque siempre las necesitan– no tienen la energía demandante y posesiva que poseen las de las criaturas que, como la hija de Mayra y por cualquier circunstancia, no tuvieron en sus primeros años la presencia amorosa de sus padres, y muy especialmente de su madre.

Cuando la angustia de separación gestada en la infancia no ha sido sanada, quien la lleva experimenta ese estado aun en la edad adulta ante separaciones de pareja, cambios de vida no deseados o inesperados, situaciones o personas desconocidas, etcétera.

En algunos casos, los niños con estas carencias lo manifiestan de una manera diferente: están enojados, o más bien diría: son niños enojados, con un constante mal humor. Muchas veces, las madres de estas criaturas me dicen: "Yo trato de abrazarlo y me rechaza". Pero esta actitud de enojo y rechazo hacia su madre o padre es sólo una máscara para ocultar su enorme necesidad de ella o él y su doloroso miedo a no tenerla/o, tal como le sucedió en el pasado. Si le pongo palabras a esta dinámica inconsciente diría: "Mejor no me abro emocionalmente, no vaya a ser que sufra de nuevo tu abandono".

Así, esos niños sí están enojados con su madre o padre; por ello, abierta y enfáticamente los rechazan cuando tratan de abrazarlos o hablarles debido a que lo han experimentado como abandono. En este caso, las palabras para esa dinámica inconsciente serían: "Tú me rechazaste primero, ahora yo te rechazo".

Como aclaré con anterioridad, cuando hablo de abandono no me refiero necesariamente a uno en el que literalmente el padre o la madre se van para siempre de la vida de sus hijos; en algunos casos así lo es, pero en otros los niños viven como abandono el hecho de que los padres pasen mucho tiempo lejos por cualquier circunstancia.

Por eso, y por mucho más, insisto tanto en que las madres con bebés o hijos pequeños sean capaces de entender las prioridades de la vida; que comprendan la enorme importancia de estar presentes por lo menos sus primeros dos años. La trascendencia que tiene hacerlo o no es indiscutible para el resto de la vida de esos niños.

SER PADRES JUSTOS

Ésta es probablemente una de las actitudes paternas que más impacto tiene en el hecho de que los hijos se sientan tomados en cuenta y en paz, tanto unos con los otros como con la vida. Como mencioné con anterioridad, cuando los padres se comportan de manera injusta promueven la rivalidad y antipatía entre los hermanos, el resentimiento de sus hijos hacia ellos y la sensación, en los menos favorecidos, de no ser tomados en cuenta y de ser inferiores, todo lo cual les lastima mucho.

Ser justos significa que cuanto se le da a uno de los hijos se le da a todos, lo que se prohíbe o permite a uno se le prohíbe o permite a todos y las consecuencias que se imponen para cierta conducta de un hijo son las mismas para los demás.

Es obvio que en ciertas etapas de la vida un hijo necesite apoyo de algún tipo y no significa que a todos hay que dárselo al mismo tiempo, porque probablemente en ese momento otros no lo requieren, pero los padres justos tendrán la misma disposición para darlo a cualquiera de sus hijos si es que en otra etapa llegan a necesitarlo.

Un hombre de setenta y tantos años me comentó que de la única cosa que se irá a la tumba cien por ciento satisfecho es de haber sido siempre justo con sus cinco hijos. "Cuando le daba algo a uno, también se lo daba a los otros; lo que le exigía a uno, igual a sus hermanos." Además, añade con orgullo que sus hijos aprendieron bien la lección y ahora también son justos con sus hijos y con sus empleados.

El ser padres justos inunda el hogar de armonía entre todos los miembros, con la convicción de que todos cuentan, todos son vistos, tomados en cuenta e igualmente valiosos, ¡porque lo son!

HÁBLALES DE LO QUE SÍ, EN LUGAR DE LO QUE NO... Y A TODOS POR IGUAL

Durante una conferencia que impartí dirigida a madres y padres pedí a los más de 1 000 asistentes que alzara la mano quién ese día había llamado la atención, corregido o regañado a alguno de sus hijos por algo incorrecto que hizo. Podría decir que a ojo de pájaro observé casi todas las manos levantadas. Enseguida pedí que lo hicieran aquellos que ese día hubieran dicho a sus hijos algo que les agrada de ellos o felicitado por lo que hicieron correctamente. Las manos levantadas fueron tan pocas que de haberlo querido podría haberlas contado sin dificultad alguna.

Esta situación se da constantemente no sólo en la relación padres e hijos, sino en las de todo tipo. Tenemos una enorme tendencia a hablarle a nuestros seres queridos de lo que no nos gusta, de lo que no hacen bien, de lo que falta, y muy poco, o quizá nunca, de lo que sí nos gusta de ellos.

Las razones detrás de este comportamiento son diversas; a veces simplemente no se nos ocurre –¡tan acostumbrados estamos a hablar sólo de lo que nos disgusta!– y en otras es por puro orgullo y soberbia: "¿Cómo te voy a decir algo que te va a hacer sentir bien? ¡Imposible!". Cuando se tiene un gran resentimiento acumulado no se desea hacer nada que pueda beneficiar a la persona en cuestión, aun cuando por añadidura también beneficiaría al emisor del comentario. En ocasiones, incluso, no decir nada bueno perjudica a ambos, pero el orgullo y la soberbia pueden más y se vuelven los directores de las acciones.

HACE UNOS DÍAS estuve en una reunión en la que se encontraba un hombre de ésos que *no sueltan el micrófono*: hablan, hablan y hablan hasta que un valiente les arrebata la palabra. Y hay que arrebatársela, porque de otra manera no la sueltan. Me da la impresión de que esas personas nos ven a todos los demás como grandes orejas cuyo único propósito en la vida debiera ser escucharlos.

En fin, el hecho es que en algún momento de su largo monólogo el hombre dijo en tono de broma que cuando le hace algún halago a su esposa, ese día o al siguiente ella le cocina algo que le encanta, lo atiende de maravilla y se pone muy romántica y complaciente. Uno de los presentes comentó: "Pues deberías proferirle halagos más seguido", a lo que el hombre respondió: "¡De ninguna manera! Porque me debe muchas, y si lo hago va a creer que ya se las dejé pasar". Bueno…, clarísimo ejemplo de alguien que se castiga por querer castigar al otro y que con tal de no beneficiar al otro, tampoco lo hace a sí mismo.

Bien decía mi maestra Emma: "No vayan a ser como el loco: '¡no como, amuélese quien se amuele!'".

EXISTEN OTRAS RAZONES por las que no expresamos a otros nuestro reconocimiento. Un padre con infinidad de trastornos de personalidad tiene un hijo de 13 años y una esposa que, por haber vivido a su lado, han desarrollado ciertos problemas emocionales. Sin embargo, la esposa y el hijo han estado haciendo un excelente y profundo trabajo terapéutico cuyos beneficios son innegables, tales como: importantes cambios en su estado emocional, sus reacciones y comportamientos y su estado psicológico en general.

El padre, en lugar de reconocerles sus avances y logros, se pasa el día diciéndoles que no han cambiado nada, que la terapia no les ha servido de nada y cuando le *enlistan* las notorias mejorías en diversos aspectos de su vida, el padre se da la media vuelta sin decir palabra, como si de pronto se hubiera quedado sordo y mudo.

Es muy frustrante y doloroso para el hijo que su padre le esté saboteando su proceso terapéutico y descalifique constantemente sus logros. Para la esposa también, por supuesto. La razón que mueve a este hombre a comportarse así es que desde el inicio del proceso de su familia él mencionó que no creía en la terapia. Y ante la súplica de su esposa e hijos de que reciba ayuda profesional porque es casi insoportable vivir con él y sus problemas de carácter, él se comprometió que iría a terapia si veía que a su hijo y esposa le servía. Entonces, el día que les reconozca sus logros tendrá que involucrarse él mismo en un proceso terapéutico, cosa que le da pánico porque tiene una muy dolorosa historia de infancia, plagada de sentimientos devastadores que le da miedo tocar. ¡Bien digo con tanta frecuencia que la terapia es para valientes! Así, mejor descalifica a su hijo y esposa, y en lugar de aplicarse en sanar sus conflictos psicológicos, les hace la vida miserable a sus seres queridos quienes lo tienen que soportar. ¡Eso sí que es injusto!

En fin, si la retroalimentación positiva trae tantos beneficios, si lleva a quien la recibe a desear mostrar más esa conducta por la cual ha sido halagado, si hace sentir tan bien al emisor como al receptor, ¿por qué no lo hacemos más seguido?

ESTOY ORGULLOSA/O DE TI

Una querida amiga, llamémosle Gloria, es una exitosa profesionista. Un día me contó que cuando niña y adolescente se había quedado con las ganas de que su mamá le dijera: "Estoy orgullosa de ti". Y razones hubieran sobrado para justificar ese anhelado comentario, porque mi amiga fue bendecida con un amplio abanico de talentos: desde niña fue sobresaliente en deportes, en arte y en la escuela. Hoy también es una profesionista sobresaliente.

Por su capacidad y excelente desempeño, muchas veces a lo largo de su infancia y adolescencia, y aún en la actualidad, diversas personas le han dicho a su mamá: "Seguro estás muy orgullosa de tu hija", a lo que invariablemente ella responde: "Estoy orgullosa de *todos* mis hijos". Mi amiga me cuenta de las ganas enormes que siempre tuvo y la esperanza –que nunca se le moría– de que en alguna de esas ocasiones la respuesta de su mamá fuera: "¡Sí, estoy muy orgullosa de mi hija Gloria!"

Un día comprobé lo que me contó mi amiga cuando me invitó a un cóctel que la importante empresa en la que labora ofreció para celebrar su nombramiento como directora de zona. Asistió toda su familia. En un momento dado, un compañero de mi amiga le dijo a su mamá las palabras que han sido pronunciadas innumerables veces a lo largo de su vida: "Seguro que está muy orgullosa de su hija". La respuesta fue la misma de siempre: "Estoy orgullosa de *todos* mis hijos". Mi amiga volteó a verme y alzó los hombros como diciendo: "Pues ni modo, qué le vamos a hacer".

En muchas ocasiones, la razón por la que los padres toman la actitud de la mamá de Gloria es, aunque sea desagradable reconocerlo, por envidia o algún tipo de rivalidad con ese hijo/a. Infinidad de padres se vuelven rivales de sus hijos y esto les lleva a descalificar sus logros y minimizar sus cualidades. *Se voltean hacia otro lado*, mandándole a su hijo este mensaje: "Lo que hagas no me importa; hagas lo que hagas, no te veo".

Así pues, una recomendable conducta paterna que hace sentir a los hijos vistos y tomados en cuenta es que, de manera individual y con todo el lenguaje corporal adecuado acompañando la afirmación, se les diga: "Estoy muy orgullosa/o de ti por..." Ante tal comentario de una madre o un padre es imposible no sentirse valioso, apreciado y visto.

HAZLOS VISIBLES ANTE EL MUNDO

No podemos negar la agradable sensación que experimentamos, a cualquier edad, cuando alguien habla bien de nosotros en público, más aún si ese *alguien* es una persona muy significativa, como lo son los padres para un niño.

Muchas personas consideran inapropiado el decir cosas positivas de sus hijos y *presumirlos*. Si bien esto puede presentarse en un extremo, cuando proviene de un mesurado y genuino orgullo por nuestros hijos no tendría por qué ser inadecuado.

Está bien probado que esta conducta es uno de los factores que estrechan hermosamente una relación, del tipo que sea: de pareja, de amistad y, no se diga, entre padres e hijos.

Yo observo qué fácil resulta para la mayoría de los padres hablar a otros de los problemas que sus hijos les dan y de los defectos que tienen. Esto es recibido con total naturalidad por quienes escuchan. Pero cuando se habla de lo maravillosos que son sus hijos, no es tan bien recibido; al contrario, es desaprobado.

Esto proviene en parte de viejos e inadecuados aprendizajes sobre *modestia* que por años se nos inculcaron. Les llamo *inadecuados* porque en realidad el significado de la modestia se ha distorsionado en las interpretaciones sociales que se le dan. Éstas sugieren que cuando alguien te halaga en cualquier aspecto la respuesta *correcta* debiera ser algo así como: "Ay no, de ninguna manera, yo no soy...", y mejor aún si complementas tu respuesta diciendo algo negativo sobre ti mismo.

UN DÍA ESTABA CON TRES HERMANAS y su mamá, que son mis amigas desde la adolescencia. Alguien llamó la atención de la madre al reconocer lo guapas que eran sus hijas –y sí lo son–, a lo que ella contestó: "Ay no, son muy feas, pero son buenas personas". Las tres hijas reclamaron al unísono en son de broma: "Oye, no, ¡sí somos muy guapas!" La madre puso su dedo sobre sus labios en señal de que guardaran silencio y les dijo como un susurro: "Imagínense qué mal me vería si digo que mis hijas son guapas".

En realidad, la modestia implica la capacidad de reconocer honestamente tus virtudes y tu innegable grandeza, así como tus defectos y también innegables limitaciones.

Cuando los padres sólo halagan y presumen a sus hijos de manera desmesurada es simplemente por una necesidad de reafirmarse a sí mismos como buenos padres –¡padres perfectos!– ante los demás.

La conducta que yo estoy sugiriendo implica que se deben reconocer las limitaciones de los hijos, pero cuando se dan las circunstancias apropiadas no se debe tener problema en mostrar a otros sus virtudes y grandezas.

PARA FINALIZAR ESTE APARTADO, te pido que recuerdes alguna ocasión en la que alguien te halagó/reconoció ante otros. Qué maravilloso se siente, ¿verdad? Imagina ahora cómo se sentirá un niño cuyos padres, que son su universo y su palabra la verdad absoluta, escucha algo así. Con gran intensidad te invito a que instaures esta conducta en tus relaciones con la gente a quien quieres y veas la magia que provoca.

CUMPLE TODO LO QUE LES PROMETES

No cumplir lo que se promete es un camino rápido y seguro que lleva al niño a sentirse invisible, no importante, dudoso e inseguro. Los niños que tienen padres que no cumplen lo que dicen viven en una constante incertidumbre que los desgasta y les provoca desasosiego.

Cuando no se cumple con lo prometido es porque surgió algo que se considera más importante, y eso puede ser incluso algo tan simple como acostarse a ver televisión. Al no cumplir las promesas que se hacen al niño, no sólo se le muestra que otras cosas son más importantes que el compromiso con él, sino que el padre pierde credibilidad, autoridad y el respeto de su hijo.

Cuando haces una promesa a tu hijo es posible que en verdad surja algo totalmente inesperado y quizá hasta fuera de tu control, que aun con tus mejores intenciones te impide cumplir. En un caso como ése lo importante es *dar la cara*, hablar con el niño, explicarle la situación, ofrecerle una disculpa y ver la manera de compensarle el incumplimiento. Como ya he comentado, cuando las cosas suceden de forma muy esporádica –en este caso el no cumplir una promesa– podemos resarcirlo y no habrá mayores consecuencias, pero cuando este comportamiento de no cumplir es constante –y muchísimos padres lo hacen así– causará la inseguridad e incertidumbre que he mencionado.

La trascendencia que tiene ser padres que cumplen las promesas va mucho más allá del hecho de que los hijos se sientan vistos y tomados en cuenta; les enseña también a ser de la clase de gente que cumple y cuando no lo pudo hacer da la cara, se disculpa y encuentra la manera de remediar el asunto.

¡Necesitamos tanta gente como ésa en el mundo! Por favor, ¡enseña a tus hijos a ser así!

DEFIÉNDELOS DE LOS ABUSOS DE OTROS

Sería una tarea imposible por su extensión mencionarte las innumerables ocasiones en las que mis pacientes adultos me han contado de los abusos verbales, físicos, psicológicos o sexuales que recibieron de niños, y cómo aun presenciándolos o enterándose de alguna manera, su mamá no los defendía.

Así, también son muchas las historias de situaciones en las que el padre se quedó totalmente pasivo ante injusticias y abusos cometidos contra su niño. No defender a sus niños es una de las conductas paternas más nocivas, pues provoca que la criatura se sienta desprotegida y sola y que llegue a convencerse de que no vale la pena ningún esfuerzo hecho para su bienestar.

El padre que no defiende se vuelve cómplice del abuso, por lo que el niño se convence de que es una basura sin valor alguno, ya que ni sus padres mismos se lo dan. "Si mis padres no me defienden de esto seguramente es porque lo merezco y está bien que sea tratado así."

Esta fórmula, compuesta por la complicidad e indiferencia de los padres al abuso y el horrible dolor de ser abusado, crea y alimenta la devastadora sensación de ser invisible.

GABY, DE NUEVE AÑOS, asistió a la fiesta de cumpleaños de una de sus compañeras de clases, que se celebró al mismo tiempo que el décimo aniversario de la empresa que era propiedad de los padres de la festejada. Los padres de Gaby, aunque fueron invitados, no pudieron asistir, pero le permitieron ir a la niña, ya que conocían muy bien a la familia de su amiga.

Todo fue gozo y alegría, risas y baile, hasta el momento cuando Gaby decidió entrar a pedir un vaso de refresco a la cocina del salón de fiestas donde se llevaba a cabo el evento. En ese momento se encontraba sólo un mesero, quien abruptamente tomó a la niña del brazo y la sacó a jalones a un pequeño y oscuro patio trasero. Ahí, la tiró al suelo y se posó encima de ella restregando su asqueroso cuerpo sobre el de ella, quien apenas podía respirar. A toda prisa eyaculó, manchando el vestido de Gaby y su pantalón, mismo que cubrió con un delantal.

Ella salió de la cocina sin decir palabra, aterrorizada, asqueada, avergonzada y confundida. Como es común en estos casos, no dijo nada a nadie. Faltaba poco para la hora en que su mamá pasaría por ella, así que el resto de la fiesta se quedó aislada en un extremo del salón, temerosa de que alguien viera su vestido manchado.

Cuando llegó su mamá y subió al auto, de inmediato Gaby se soltó llorando y temblando, mientras su mamá preocupada le preguntaba una y otra vez qué le pasaba, sin que el llanto le diera oportunidad de hablar. Después de unos momentos pudo contarle lo sucedido. La mamá lloró con ella y emprendió la marcha con urgencia de llegar a casa y contarle a su marido.

Por increíble que parezca, en el camino cambió de opinión. Le dijo entonces a su hija que no le dijera a nadie y mucho menos a su papá, porque se iba a enojar tanto que era capaz de ir en ese momento al salón y ponerle una golpiza al mesero. Esto provocaría un escándalo que arruinaría la fiesta a sus amigos. La niña obedeció la orden y se guardó sus amargas lágrimas mientras llegaba y subía a su recámara a toda prisa, como ordenó mamá, para que su papá no notara nada.

La pobre criatura pasó la noche llorando, con el corazón destrozado y sintiéndose más sola que nunca; mientras la mamá se quedó en su propia recámara, como siempre, pretendiendo ante el esposo que no había pasado nada. A la mañana siguiente le soltó a la niña la irrevocable y tajante decisión que había tomado: se quedarían calladas ¡para siempre! A nadie le dirían nada. ¿Sus razones? "¡Qué vergüenza! Mejor que nadie se entere."

Un año después de este incidente la mujer vino a terapia conmigo porque este secreto la estaba matando –¡habrá que imaginar cómo se sentía Gaby!–, y fue entonces que me contó esta historia. ¡Hubiera sido tan fácil emprender acciones legales contra el mesero si se hubieran tomado cartas en el asunto de inmediato! Su semen estaba en el vestido de la niña, el estrés postraumático que presentaba sustentaba fuertemente su historia, pero no se hizo nada. Por *proteger* a sus amigos de la posibilidad de arruinarles la fiesta dejó desprotegida a su hija. Por vergüenza, ordenó que guardaran el secreto sin importarle lo que esto causaría a su niña. Con cada acción, la madre le dijo a su hija: "Me importan más mis amigos que tú. Me importa más la opinión de todos los demás que tu bienestar y que hacerte justicia. No mereces que me incomode por protegerte. Mereces ser tratada como ese hombre lo hizo y como yo lo estoy haciendo". Al no haber hecho nada, se volvió cómplice del abuso, y un cómplice es aquel que está de acuerdo con ese acto.

Cuando le ponemos palabras al mensaje subliminal que hay detrás de nuestras acciones nos queda muy claro lo que éste le comunica a nuestros hijos. Por ello, recomiendo ver desde esta perspectiva los actos y decisiones, por lo menos la mayoría de ellos, para que éstos transmitan a nuestros hijos mensajes que les comuniquen que son amados, valiosos, importantes y que merecen el esfuerzo de ser protegidos y defendidos cuando las circunstancias así lo requieran.

Ver significa ver, ¡así de simple!

8

¿Cómo sanar la propia invisibilidad? Verme a mí mismo

Cuando somos niños dependemos totalmente de los demás para cubrir todas nuestras necesidades y también para que nos proporcionen los medios para sanarnos tanto física como psicológicamente. Una de las maravillosas ventajas de ser adulto es que uno puede darse a sí mismo lo que necesita o buscar la ayuda y los caminos para sanar las heridas de la vida. Ya no dependemos de alguien que nos quiera apoyar, sino que podemos buscar ese apoyo por y para nosotros mismos.

A continuación te propongo algunas alternativas eficaces para recuperarnos de la propia invisibilidad y convertirnos en seres presentes, vistos y capaces no sólo de gozar la vida, sino también de ser parte de ella. Los seres invisibles son espectadores de la vida y de los que la viven; los seres vistos son parte de ella y fluyen con ella, inmersos en el océano de abundancia y gozo que ésta nos trae día a día.

RESCATAR AL NIÑO INTERIOR

Aun cuando nos convirtamos en adultos, las necesidades insatisfechas de nuestra infancia siguen vivas dentro de nosotros, clamando por ser atendidas. Mientras no ha sido sanado nuestro niño interior herido, sus carencias contaminan nuestra vida de adultos y con frecuencia –¡con mucha frecuencia!–, es nuestro niño interior herido quien toma el control de nuestros comportamientos, decisiones y dinámicas de relación, tal como lo apreciaremos en el siguiente caso:

AMANDA Y JAIME SE CASARON hace cinco años. Hay un gran amor del uno al otro y ambos se sienten felices de estar juntos. Existe, sin embargo, un aspecto de su relación que genera muchas discusiones y empieza a ocasionar un gran estrés para ambos.

Cuando regresan de trabajar, a eso de las 7:00 p.m., cenan mientras comentan sus mutuos asuntos del día y luego se disponen a ver alguna película, lo cual a los dos les encanta. No hay duda alguna de que Amanda es diurna y Jaime nocturno. Es decir, ella funciona mejor de día y le cuesta mucho desvelarse, y a su hombre, lo contrario. Esto lleva a que ella, una media hora después de iniciada la película, invariable e inevitablemente se queda dormida.

En cuanto él se da cuenta empieza a moverla, a hablarle y a hacer todo lo posible para despertarla, pero ella, por más esfuerzos que hace, termina vencida por el sueño. Jaime se molesta y se frustra, la sigue moviendo, le trae una toalla mojada para que se la frote en la cara y pueda despertar, le acerca una bandeja de palomitas de maíz y hace todo lo que su imaginación le ofrece para lograr mantenerla despierta. Sin embargo, aun así, un minuto después ella está de nuevo profundamente dormida, con la consecuente y creciente molestia de Jaime.

Un par de minutos después de que se acomodan para ver su película, él comienza a "espiarla", dice ella, mirándola de forma constante, listo para iniciar sus intentos por mantenerla despierta desde el instante que muestra el primer indicio de que está a punto de dormirse. Esta situación se ha vuelto casi traumática para ambos. Ella se siente invadida y no respetada; él, solo y abandonado; y ambos, cansados, frustrados y hartos de este círculo vicioso del cual parecen no poder salir.

Por tal razón, decidieron ya no ver películas, al menos no en la noche, lo cual en realidad no les convence, pero así lo acordaron para evitar toda aquella desgastante situación. Entonces, se ponen a platicar. A nuestra diurna amiga en un momento dado se le cierran los ojos y él se siente otra vez molesto, abandonado y frustrado porque, dice él, lo deja hablando sólo.

Si bien este tipo de situaciones que se dan tantas noches en la vida de Amanda y Jaime son incómodas, la reacción de él va mucho más allá de lo que podría ser normal.

Cuando le pido a Jaime que me describa lo más ampliamente posible todo lo que siente y piensa cuando su mujer se duerme mientras ven la película, me responde con todos los sinónimos posibles de las palabras: abandonado, solo y frustrado.

Luego nos ponemos a explorar su infancia, con la certeza de que ahí encontraremos la respuesta.

Jaime creció en una pequeña familia formada por los padres, su hermana mayor y él. Ambos padres trabajaban y pasaban todo el día fuera de casa. El transporte escolar recogía y llevaba de regreso a los niños, la nana les daba de comer y los medio atendía hasta las siete de la noche, hora en que sus padres regresaban del trabajo. La familia se reunía en el comedor y tomaban su cena en medio de las constantes discusiones de los padres, que eran parte del día a día de la familia. Estaban cenando juntos, pero la atención de los padres estaba en sus discusiones, ignorando por completo a sus hijos, quienes ya de por sí habían estado solos todo el día.

Después de la cena, pasaban a la sala de televisión para ver algún programa antes de ir a la cama. El único que se mantenía despierto era Jaime. Me comentó con tristeza, como si hubiera sido ayer, la frustración y soledad que sentía al ver a sus padres y hermana profundamente dormidos, mientras él se mantenía despierto, viendo el programa. Una vez que éste terminaba, despertaba a todos, se despedían y se iban a dormir.

Así pues, ahora como adulto, cada ocasión que Amanda se quedaba dormida, él revivía la soledad que sintió durante toda su infancia. Entonces, quien reaccionaba no era el adulto maduro que ya es, sino el niño interior herido que seguía enojado y dolido, con su inmensa necesidad de atención todavía insatisfecha.

Así funcionamos: llevando a la relación de pareja nuestros asuntos no resueltos de la infancia, esperando inconscientemente que él/ella los resuelva. También lo hacemos con otro tipo de relaciones, pero en la de pareja, en la cual se da tal grado de intimidad, sucede de manera más intensa.

Una de las propiedades de los sentimientos es su *actualidad*. Esto significa que aun cuando la experiencia que los causó ya ha pasado, los sentimientos intensos que la acompañaron siguen estando vigentes y se viven como si dicha experiencia estuviera sucediendo en el presente. Cuando se lleva a cabo un trabajo interior para sanarlos es cuando pueden perder fuerza e intensidad, y la experiencia es recordada, pero ya sin la carga emocional que la acompañó.

Con base en todo esto comprendemos que sólo hasta que sanamos a nuestro niño interior herido y sus necesidades insatisfechas por las que se filtran casi todas las facetas de nuestra vida se puede dar paso al adulto maduro y sano, capaz de darse a sí mismo lo que necesita, de pedirlo cuando así es preciso y de tomar la responsabilidad de su propia vida, éxito, salud y felicidad, todo lo cual son rasgos inequívocos de un adulto sano.

Un paso indispensable –si bien no el único– para la curación de las heridas por haber sido un hijo invisible se logra cuando el ahora adulto sana a su niño interior herido. Sanar al niño interior implica comprometernos en un proceso que, aunque por momentos pueda ser doloroso, es sin duda hermosamente profundo y sanador. Al tomar a nuestro niño interior y curar sus heridas, muchas cosas en nuestra vida cambian por añadidura.

Debido a que el tema de este libro no es sobre la curación del niño interior, lo que haré es recomendarte uno que, entre varios que he leído, sigue siendo por mucho mi favorito: *Volver a la niñez*, de John Bradshaw, de Editorial Selector. En este hermosísimo libro, el autor nos lleva de la mano a cada etapa de la vida, desde el nacimiento hasta la adolescencia, ofreciendo herramientas realmente eficaces para sanar las heridas de cada una de ellas.

Como lo mencioné, dentro de las opciones de libros para sanar al niño interior éste es mi favorito, pero no tiene por qué ser el tuyo. Me parece que el proceso de elegir un libro debiera ser uno muy personal. Cuando alguien me pide que le recomiende un libro sobre cierto tema, lo que respondo es que "x" libro a mí me pareció muy bueno y útil, pero que debiera ir a una librería, revisar todos o algunos de los que hay sobre el tema y elegir el que siente que le llama más. En ocasiones, alguien me ha recomendado ampliamente un libro que le pareció excelente y muy eficaz, y al leerlo a mí no me lo parece, de seguro porque no resuena con mi propia experiencia de vida.

OTRA ALTERNATIVA, y con frecuencia la mejor, para lograr la curación de nuestro niño interior es la psicoterapia. Adentrarnos en este profundo proceso bajo la guía y el apoyo de un profesional es a veces el mejor camino, sobre todo cuando en la infancia sucedieron experiencias altamente traumáticas.

Asimismo, en casi todas las localidades se ofrecen en ocasiones cursos o talleres para sanar al niño interior herido. Si la oportunidad se nos presenta enfrente y si quien lo dirige es un profesional capacitado, deberíamos aprovecharla.

Ojalá que tomes mi recomendación y te decidas ya a iniciar tu proceso para rescatar y curar a tu niño interior.

Cuando ya hemos establecido una amorosa conexión con esa criatura es importante seguir en contacto y al pendiente de ella/él, de sus necesidades, sentimientos y mensajes. Cuando tomamos conciencia de todo esto, nos damos cuenta de que con mucha frecuencia es nuestro niño interior quien está a cargo de alguna situación en la vida; es la criatura asustada, enojada o dolida la que reacciona y toma el control del asunto. Cuando esto sucede podremos hacer contacto, consolarla, aquietarla, protegerla y notaremos cómo de inmediato cambia nuestro sentir y reaccionar.

Pondré un ejemplo de cómo personalmente lo manejo: hace unos días me vi en la necesidad de lidiar con un asunto bastante desagradable relacionado con un horrendo abuso y arbitrariedad de cierta empresa. Aunque soy buena para poner límites, reclamar mis derechos y confrontar lo que requiere ser aclarado y corregido, en esta ocasión específica noté que estaba postergando y evadiendo el momento de tomar cartas en el asunto. Me di cuenta de que tenía miedo y quien temía no era yo la adulta madura y fuerte que soy, sino Marthita, mi niñita interior que se sentía asustada, desprotegida y con mucha necesidad de apoyo.

Entré en contacto con ella, la abracé y le dije: "No te preocupes chiquita, tú no tienes que lidiar con esto, yo me encargo, ahora soy grande y fuerte y puedo solucionar esto, y para que nos sintamos apoyadas, voy a pedir ayuda". De inmediato, la sensación de temor y desasosiego cedió, dando paso a la confianza y tranquilidad y a una nueva energía de impulso para atender ese asunto ya. Al darme cuenta de que necesitaba apoyo, se lo pedí a mi hermano, quien es excelente para analizar, identificar puntos, hablar claro y defender derechos. La presencia de mi hermano durante las dos horas que duró este trago amargo fue un gran apoyo para mí y las cosas se resolvieron de manera muy favorable.

Ahora, volvamos con Amanda y Jaime.

En el caso de ellos, el simple hecho de que él se diera cuenta de lo que lo llevaba a reaccionar de esa forma con su mujer, lo relajó mucho. Asimismo, trabajamos en que tomara a su niño interior y entrara en contacto con él cada vez que reaccionaba con enojo y frustración ante las dinámicas narradas, que con gran frecuencia se suscitaban con Amanda.

Por otra parte, ella lo apoyó comprometiéndose a que, cuando notaba que en cualquier momento se quedaría dormida, lo abrazaba, lo besaba, le decía palabras amorosas y le informaba que estaba a punto de dormirse. Las reacciones de Jaime tuvieron un gran cambio. Amanda me contó que, incluso, cuando ella le anunciaba que se quedaría dormida en cualquier momento, él le acomodaba la almohada, la cobijaba y le bajaba el volumen a la televisión. El niño interior solitario e ignorado de Jaime por fin se sintió en paz.

Cuando se tiene la suerte de que la pareja nos ayude con estos procesos de sanar a nuestro niño interior se suscitan cosas en verdad hermosas, que nos llevan a comprendernos mejor, respetar nuestras mutuas heridas y fortalecer los lazos profundos de la relación. Todo esto facilita el proceso de sanar. Sin embargo, no siempre contamos con la pareja para apoyarnos. Cuando las cosas son así podemos como adultos hacernos cargo de nuestra propia curación. Esto es, de hecho, lo adecuado: hacerme cargo de mi propia curación. Si dependo de que alguien haga algo para lograr mi objetivo, vuelvo a la actitud de niño/a dependiente. No obstante, nada de esto quita lo hermoso que puede ser tener al lado a alguien que nos entiende y apoya con estos asuntos.

Concluyendo pues, en muchísimas ocasiones, cuando tenemos miedo, estamos enojados o algo nos lastima es nuestro niño interior herido el que está reaccionando. Entrar en contacto para consolarlo, decirle que lo comprendemos o liberarlo de un peso diciéndole "yo me haré cargo", en realidad funciona y la criatura se siente apoyada, protegida y amada en consecuencia. Asimismo, de inmediato y de manera automática, podemos ubicarnos en nuestro lugar de adultos y percibir y manejar las cosas desde ahí.

Éstas son algunas de las frases de contacto y consuelo a tu niño interior que serían aplicables a diferentes circunstancias y que, en mi experiencia personal, he comprobado que son sumamente liberadoras y sanadoras. Sin embargo, no te pido que me creas, te pido que lo experimentes para que veas si es algo que funciona para ti.

- No te preocupes chiquita/o, tú no tienes que enfrentar esto, yo me hago cargo. Yo soy grande y fuerte y puedo solucionarlo, y si no puedo, voy a buscar ayuda.
- Te escucho y te entiendo. Yo se cómo te sientes, aquí estoy contigo, yo te voy a proteger siempre. No te preocupes, todo está bien.
- Tienes razón, yo sé que tú no dijiste/hiciste eso, te están culpando injustamente; yo sé la verdad, te voy a defender y a aclarar esto.

Y expresiones por el estilo.

Por otra parte, el proceso de sanar a nuestro niño interior no significa que durante un mes o 10 trabajemos en eso y se acabó, sino que implica mantenernos en contacto, establecer una relación duradera, profunda y estrecha, lo cual es, por cierto, maravilloso y hermoso.

Esto quiere decir, por dar algunos ejemplos, comprarnos o darnos algo que cuando éramos niños nos quedamos con muchas ganas de tener: una pulserita de oro, un tren eléctrico, un kilo de canicas, un viaje a Disneylandia, etcétera.

También, el día de Navidad, en nuestro cumpleaños y el día del niño –que en México se celebra el 30 de abril– regalémosle a nuestro niño interior algo, llevémosle a un lugar que le gusta o démosle algo que le encanta comer. ¿Qué regalarle? ¿A dónde llevarle? Sólo pregúntale a tu querida criatura qué es lo que quiere y lo sabrás.

En el caso específico del tema de este libro, además de las recomendaciones ya mencionadas para sanar las heridas de nuestro niño que fue invisible es importante comenzar a hacer para nosotros mismos todo lo que hubiéramos querido que nuestros padres hicieran o nos dijeran: felicitarnos por un logro, valorar nuestras cualidades, ser misericordiosos con nuestros errores, atender nuestras necesidades, etc. Si cuando niños dependíamos de nuestros padres para recibir todo eso, ahora como adultos nos lo podemos dar a nosotros mismos.

Además, hay que felicitarnos por nuestros logros y no limitarnos a los actuales, sino que también es hermoso y sumamente sanador el reconocernos lo que hicimos en etapas anteriores: a los 18 años, cuando tuviste la valentía de hacer aquel viaje en el que aprendiste tal idioma; el enorme esfuerzo que realizaste en tu adolescencia para participar en aquella competencia; la carrera universitaria que terminaste aun con todos los obstáculos que se te presentaron; la fortaleza que tuviste a los 30 años para terminar con aquella relación de abuso; tu valentía para haber sacado adelante a tu hijos sin apoyo del padre, etcétera.

Cuando hacemos un recuento de todo lo que hemos hecho, logrado y superado en la vida nos damos cuenta de cuán valiosos, valientes y maravillosos somos. Reconocernos, felicitarnos y agradecernos es una honrosa y hermosa manera de vernos a nosotros mismos.

TOMAR TU LUGAR EN EL MUNDO

Tú mismo tienes que hacerte visible, porque nadie lo hará por ti. Con esto quiero decir que necesitas asumir la responsabilidad de tomar tu lugar donde quiera que estés y, más ampliamente, en el mundo. Esto significa defender tus derechos, pedir lo que te corresponde, quedarte en tu lugar cuando alguien con una actitud apabullante te lo quiere arrebatar, y plantarte –literal y metafóricamente– bien firme, con los pies bien puestos en la tierra, el cuerpo erguido, la mirada al frente y tu energía firmemente posesionada, ocupando –realmente ocupando– tu lugar en el mundo.

Insisto: si no lo haces tú, nadie lo hará por ti.

Esta actitud que recomiendo no tiene nada que ver con arrebatar, abusar o invadir a otros. Es más, ni siquiera tiene que ver con los otros. Significa sencillamente hacerte presente a ti mismo, reclamando el lugar en el mundo que por derecho y por el simple hecho de existir te corresponde.

Una de mis pacientes, llamada Liliana, me contó algo que le ha costado años superar. Ella es la hija menor de siete, y por esta y otras circunstancias fue criada por una mamá que ya estaba sumamente cansada de cuidar niños. Su abuelo abandonó a la familia cuando su mamá era una adolescente, lo que sumió a la abuela en una profunda depresión de la que al parecer nunca se recuperó. Esto la incapacitó para hacer su rol de madre, de tal forma que la mamá de Liliana tuvo que tomar ese lugar y hacerse cargo de criar a sus pequeños hermanos. Cuando se casó ya estaba cansada de criar niños. Aún así tuvo siete propios, y la menor de ellos, Liliana, *se coló* cuando su mamá ya se había hecho la salpingoclasia con el fin de no tener más bebés.

El inesperado embarazo y nacimiento de Liliana generaron en su mamá cierto resentimiento y molestia hacia la criatura, que llegó sin haber sido invitada. La niña creció en medio de una total indiferencia de su cansada y desmotivada madre, que además mostraba sin tapujos su enfado cuando Liliana, sedienta de cariños, se le colgaba del cuello buscando un abrazo o se aferraba a su brazo o a su falda para buscar su atención, hechos que hacían que la mamá le dijera irritada: "Ay, hazte para allá". Liliana dice que daba la impresión de que el contacto físico con ella o su sola presencia le picara.

Como ya lo mencionamos, cuando nos convertimos en adultos tenemos la capacidad de entender que nuestros padres hicieron lo mejor que pudieron, que también tenían sus propios problemas emocionales y de otra índole, y tal vez hasta lleguemos a comprender profundamente las causas de sus limitaciones y errores. No obstante, cuando somos niños no podemos comprender todas esas cosas; únicamente resultamos afectados de forma directa por ellas. Un niño sólo experimenta las vivencias, no las razona y mucho menos las comprende.

Así pues, Liliana sufrió las consecuencias de la falta de amor, de la indiferencia y del rechazo que fue el sello que marcó toda su infancia. Cuando se convirtió en adulta se involucró en un profundo y comprometido proceso terapéutico que le fue de invaluable ayuda para sanar esas heridas. Al paso de los años, la relación con su mamá se volvió cercana y amorosa, sobre todo en los últimos años de la vida de su madre.

El evento que a Liliana le ha costado mucho superar fue uno donde no defendió su derecho a mantener el regalo que, en cierto momento, la vida le estaba otorgando: su mamá estaba agonizando después de varios días de estar gravemente enferma. Por azares del destino, o quizá por uno de esos movimientos de la vida en los que no se mide en los generosos premios que nos da, Liliana estaba sentada en la cama junto a ella, con la cabeza de su madre recargada en su regazo y sus brazos rodeándola. Liliana sentía una profunda, mágica, milagrosa conexión de amor con su mamá, como nunca antes había experimentado o siquiera imaginado que fuera posible. Aunque su madre ya no le hablaba, el amor que fluía entre ellas y todo lo que se decían sin palabras era maravilloso. Los corazones dolidos de ambas se reconciliaban, quedándose en completa paz.

En eso entró a la habitación una hermana de su madre y, dominante y autoritaria como es, le dijo a Liliana que saliera de la habitación porque ella y otras amistades que acababan de llegar iban a rezar. Liliana obedeció en automático, movió suavemente la cabeza de su mamá de su regazo a la almohada y salió.

Al paso de unos pocos minutos recapacitó, dándose cuenta de que soltar a su mamá le partió el corazón. Sintió que para ambas se había interrumpido de forma abrupta un momento único, sublime y divino. Y a fin de cuentas, ¿quién era su tía para ordenarle dejar a su mamá sobre la fría cama, en lugar de permanecer en los tibios y amorosos brazos de su hija? ¿Por qué tenía que salir? ¿Acaso no podían rezar mientras Liliana estuviera sosteniendo su cabeza?

Liliana recobró la *cordura* y se dijo a sí misma que nadie iba a interferir en su proceso de despedida con su mamá y que retomaría su lugar: la vida le había dado semejante regalo y lo tomaría de regreso. Volvió a la habitación y antes de que pudiera instalarse de nuevo en el lugar donde estaba, su madre dio el último suspiro.

"¿Por qué obedecí a mi tía como si yo fuera una niñita? ¿Por qué permití que fuera interrumpido ese momento especial que la vida me regaló? ¿No hubiera sido mejor para mi madre morir acunada en los amorosos brazos de su hija que sola sobre la inhóspita cama?" Éstas fueron algunas preguntas que se agolparon en su mente una y otra vez durante casi un año. A partir de esa experiencia, Liliana aprendió una importante lección: protegerse a sí misma, defender sus derechos y ¡tomar su lugar!

Existe otra faceta de la que es importante hablar respecto a este asunto de sanar la propia invisibilidad, y es que es necesario comprender que cuando nos convertimos en adultos somos totalmente responsables de resolver nuestros conflictos de la vida, así como de crear nuestra propia prosperidad, salud, felicidad y relaciones sanas y, en el tema específico que nos ocupa, de sanar nuestra invisibilidad, tomando la responsabilidad total sobre ella. Es decir, si constantemente nos invalidan, nos excluyen, nos arrebatan, deberíamos preguntarnos: "¿qué estoy haciendo yo para que esto me suceda de forma constante?" Veamos un ejemplo.

EDUARDO, UN PADRE PRIMERIZO de 29 años, se queja de que su esposa lo hace sentir un cero a la izquierda en relación con el cuidado de su bebé de nueve meses. Al pedirle que explique a qué se refiere, argumenta que acapara todo y no le da oportunidad de llevar a cabo ninguno de los cuidados del bebé.

Su esposa, una joven muy inteligente, abierta y sana, explica que no se había dado cuenta de que esto estuviera pasando y se muestra totalmente dispuesta a hacer cambios. Ambos negocian respecto a qué parte de los cuidados del bebé le tocarán a él, etc. Al paso de los días, se va perfilando claramente el hecho de que es él quien se excluye a sí mismo: cuando toca cambiar el pañal al bebé, bañarlo o cualquiera otra de las actividades que él mismo pidió le correspondieran, resulta que justo en ese momento está demasiado ocupado en sus cosas.

Como todos sabemos no es posible hacer esperar al bebé una hora para que coma, duerma o cambiarle un pañal sucio, porque papá –a quien le toca hacerlo porque así lo pidió– está muy ocupado. Ante la pasividad del padre, la madre toma acción y lo hace. Al paso de unos días, el marido está molesto porque, dice, ella no cumplió con los acuerdos y sigue acaparando todo. Expresa una vez más que se siente invisible, excluido, un cero a la izquierda.

Costó un buen rato llevar a Eduardo a darse cuenta de que es él quien se excluye a sí mismo, no sólo en el contexto de su incipiente familia, sino en muchos otros. En su familia de origen, en el trabajo, con los amigos tiende a tener esta actitud extremadamente pasiva y autoexcluyente que lleva a los otros a tomar acciones que le parecen invasivas.

La vida es así: en todas nuestras relaciones se establecen de manera inconsciente y automática dinámicas basadas en la actitud que los involucrados tenemos. Si en todos los contextos donde me muevo me excluyen e invalidan, algo estoy haciendo yo para que eso suceda. Soy yo mismo, sin duda alguna, quien dejo mi lugar vacío, por lo que otros lo tendrán que ocupar.

Si me quedo callada, si no digo lo que pienso, si no afirmo mis derechos, entonces, no me puedo quejar de que me excluyan e ignoren.

Mensaje final

Mi propuesta consiste en que si eres padre de bebés, niños o adolescentes tomes consciencia de la indiscutible importancia que el *verlos* representa para su desarrollo sano y pleno.

Si eres ya un adulto te conviene tomar el timón de tu vida y trabajar en tu propia curación que te aportará grandes beneficios, como relaciones más sanas, felicidad e innumerables y satisfactorios logros en todas las áreas.

La vida está hecha para ser vivida con gozo, el trabajo para ser realizado con alegría, las relaciones para aportar aprendizajes y amor, la expresión de los talentos para traer enorme satisfacción y ser útil a los demás. Y todo esto es posible cuando suave pero decididamente te posas en el lugar que te corresponde en el mundo.

Cuando niños son nuestros padres quienes nos dan ese lugar; cuando adultos somos nosotros quienes lo reclamamos, lo tomamos y desde él nos volvemos cocreadores del destino de la humanidad.

Ese destino se forja y toma forma en razón de los seres humanos que lo conforman. Por favor, educa a tus hijos de manera tal que se conviertan en seres de bien, que en lugar de destruir construyan, que en lugar de dañar respeten, y en lugar de odiar amen.

Educar hijos debiera ser una labor disfrutable. Pero no creas que soy una ilusa; sé muy bien que a ratos es difícil, y a ratos ¡dificilísimo! También sé que la mayoría de los padres viven muy preocupados por sus hijos, abrumados, llenos de culpas. Pero, ¡no tiene por qué ser así! Cuando nos decidimos a ver más profundo, comprendemos que la educación de los hijos es sentido común. Desglosando esta idea en unas muy concretas te diré que yo he llegado a convencerme de que si dejamos de intentar ser padres perfectos y simplemente nos enfocamos en los aspectos que sí son importantes y trascendentes, veremos que el proceso se vuelve disfrutable. ¿Y cuáles son esos aspectos importantes y trascendentes?

Enseña a tus hijos a compartir, a ser honestos e íntegros, a descubrir y poner en práctica sus talentos, a sentir y mostrar gratitud, a ser compasivos y felices. ¿Cómo se les enseña? Es más fácil de lo que supones: ¡siéndolo tú![1] No tenemos que enseñar valores a nuestros hijos, ellos los aprenderán en automático si los padres los tenemos.

No sé tú, pero yo estoy muy cansada de la deshonestidad, la corrupción, las mentiras y la violencia que por desgracia imperan en nuestras sociedades actuales. Reflexiono en que cada una de las personas malvadas y con mentes y emociones enfermas que existen y que, siendo los protagonistas de dichas situaciones nos afectan la vida a todos, fueron alguna vez niños inocentes, pero crecieron con padres que no los amaron, que no les pusieron límites ni les permitieron vivir las consecuencias de sus actos para que aprendieran y se volvieran responsables; con padres que los abandonaron y no los *vieron*.

Aun cuando está tan trillada y devaluada la idea de que los niños y jóvenes son el futuro de nuestros países, me pare-

---

[1] Para revisar un amplio tratado sobre estos temas y mucho más recomiendo mi libro *90 respuestas a 90 preguntas*, puntos 5, 6, 33, 44, 45, 48, 49, 61, 75, Grijalbo.

ce que no hemos comprendido el significado tan profundo que ésta tiene.

En el "Congreso sobre educación y vida sostenible "celebrado en São Paulo, Brasil, en el año 2009, la siguiente frase fue declarada:

> Todo mundo piensa en dejar un planeta mejor para nuestros hijos... cuando lo que debería pensar es en dejar mejores hijos para el planeta.

Dejar mejores hijos para el planeta depende de nosotros, los padres, y para lograrlo existe una fórmula infalible: un gran amor y límites bien firmes. Todo lo dicho bien puede resumirse en esta sencilla y a la vez poderosa sentencia: *¡ve a tus hijos!*

Agradecimientos

Constantemente tomo conciencia de lo mucho que he aprendido a lo largo de mi vida y de mi carrera profesional. Cada uno de los casos que he llevado me ha convertido en una mejor persona y profesionista. Sin la aportación que mis pacientes y alumnos ofrecen a mi vida no hubiera escrito mis libros. O tal vez, mi gran fascinación por escribir me llevaría a hacerlo sobre otros temas.

Pero, ¿por qué aprecio tanto la posibilidad de abordar los temas que toco en mis libros? Porque la constante y profusa retroalimentación de mis lectores me confirma que mi trabajo les es útil y ése es, a fin de cuentas, el objetivo primordial que me lleva a crear uno.

Infinitas gracias a todas y cada una de las personas que enriquecen mi trabajo y específicamente a quienes enriquecieron este libro; a los que aunque presenté sus casos no mencioné su nombre por respeto a su intimidad, y a quienes con su autorización sí puedo nombrar: la señora Mary Seggerman Fladung, el señor Raúl Jiménez Martínez y a José, por permitirme mostrar sus historias.

Agradezco también a todas las personas que de una u otra forma me apoyaron en la realización de este trabajo, especialmente a la psicóloga María de los Ángeles Pérez Rojas, al licenciado César Jiménez Arreola, al licenciado Antonio Lugo Morales y al licenciado Raúl Jiménez Arreola.

A mi casa editorial, Random House Mondadori sello Grijalbo, representada por cada una de las personas que en ella laboran y que contribuyen de manera tan eficaz e importante a la realización de cada uno de mis libros. De manera muy especial a Cristóbal Pera, Ariel Rosales y Orfa Alarcón por sus invaluables sugerencias y aportaciones en la edición. A Héctor Montes de Oca y su equipo, en el diseño. A Denixe Hernández y Carlos Morales de derechos de autor y a Fidencio Romero de ventas.

A la vida, a mis seres queridos a quienes tanto amo, y al mar...

Gracias

Hijos invisibles
de Martha Alicia Chávez
se terminó de imprimir en Junio 2012 en
Drokerz Impresiones de México S.A. de C.V.
Venado Nº 104, Col. Los Olivos
C.P. 13210, México, D. F.